Expresso gratidão a Deus por todas as bênçãos, Minha família é a essência da minha existência.
Eu te amo muito.

Talita Caires
2024

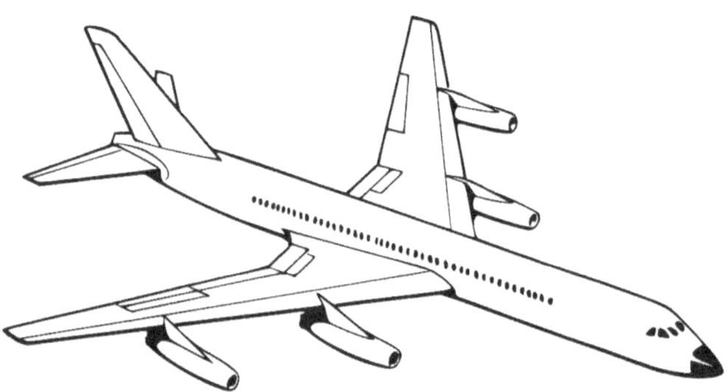

Este livro pertence a:

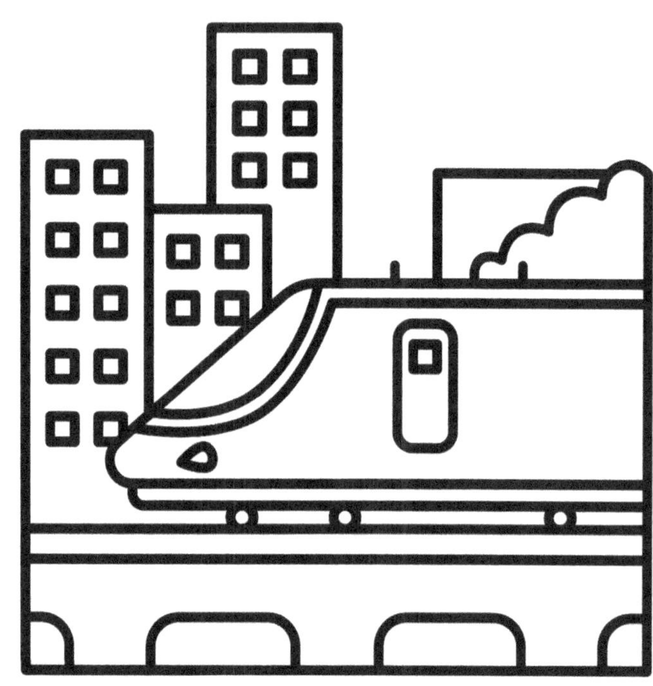

Talita Caires

Página colorida de teste

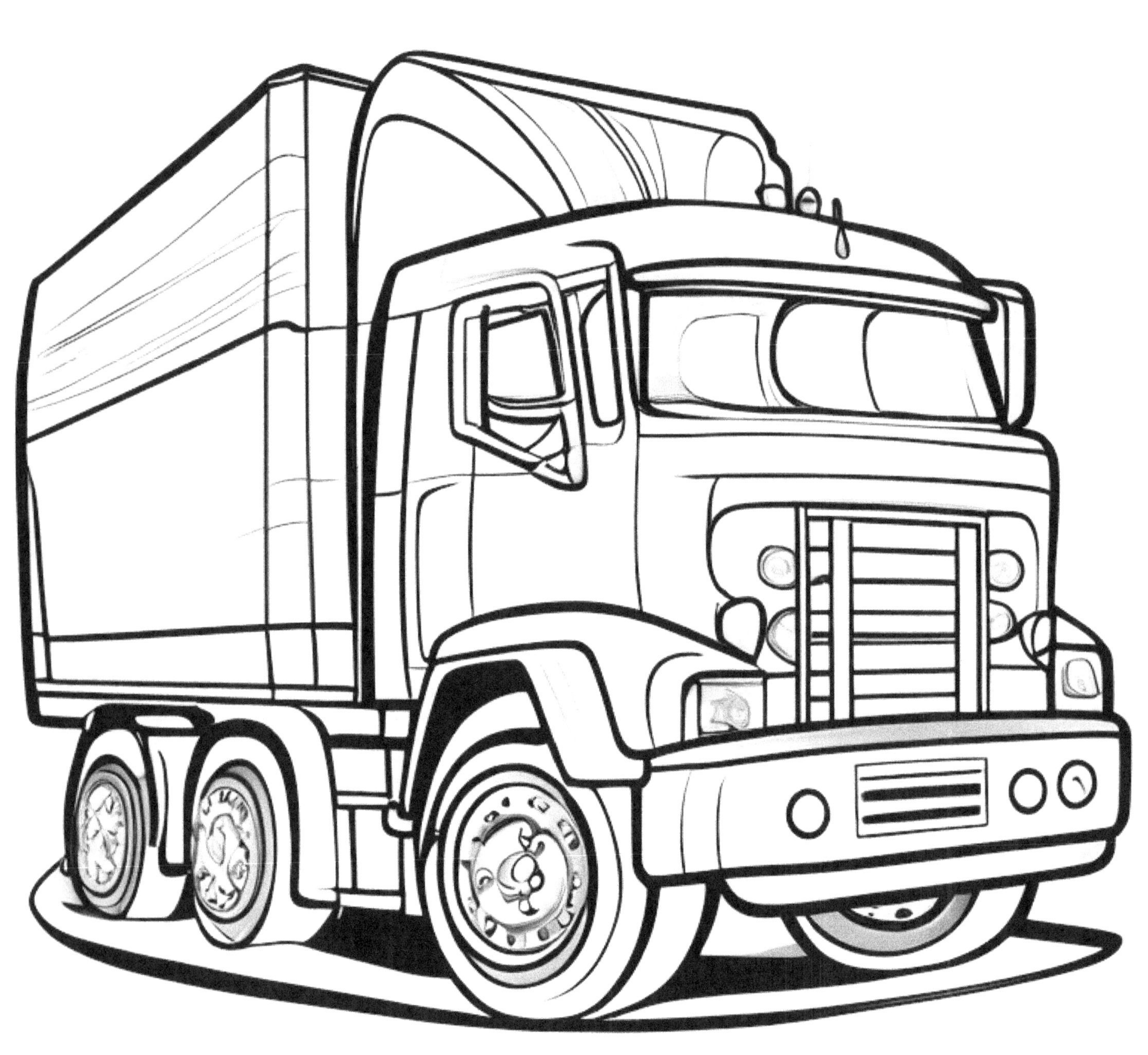

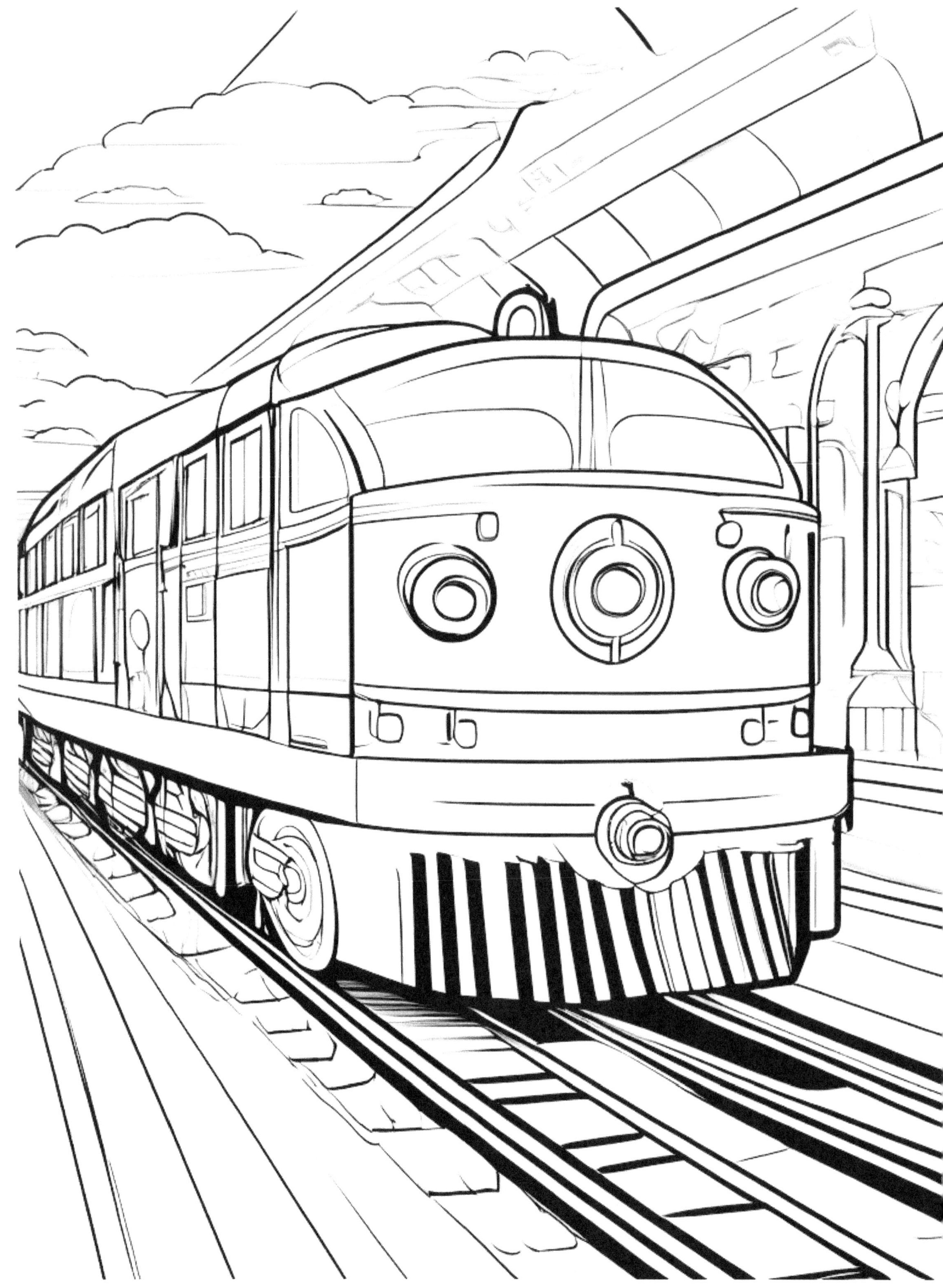

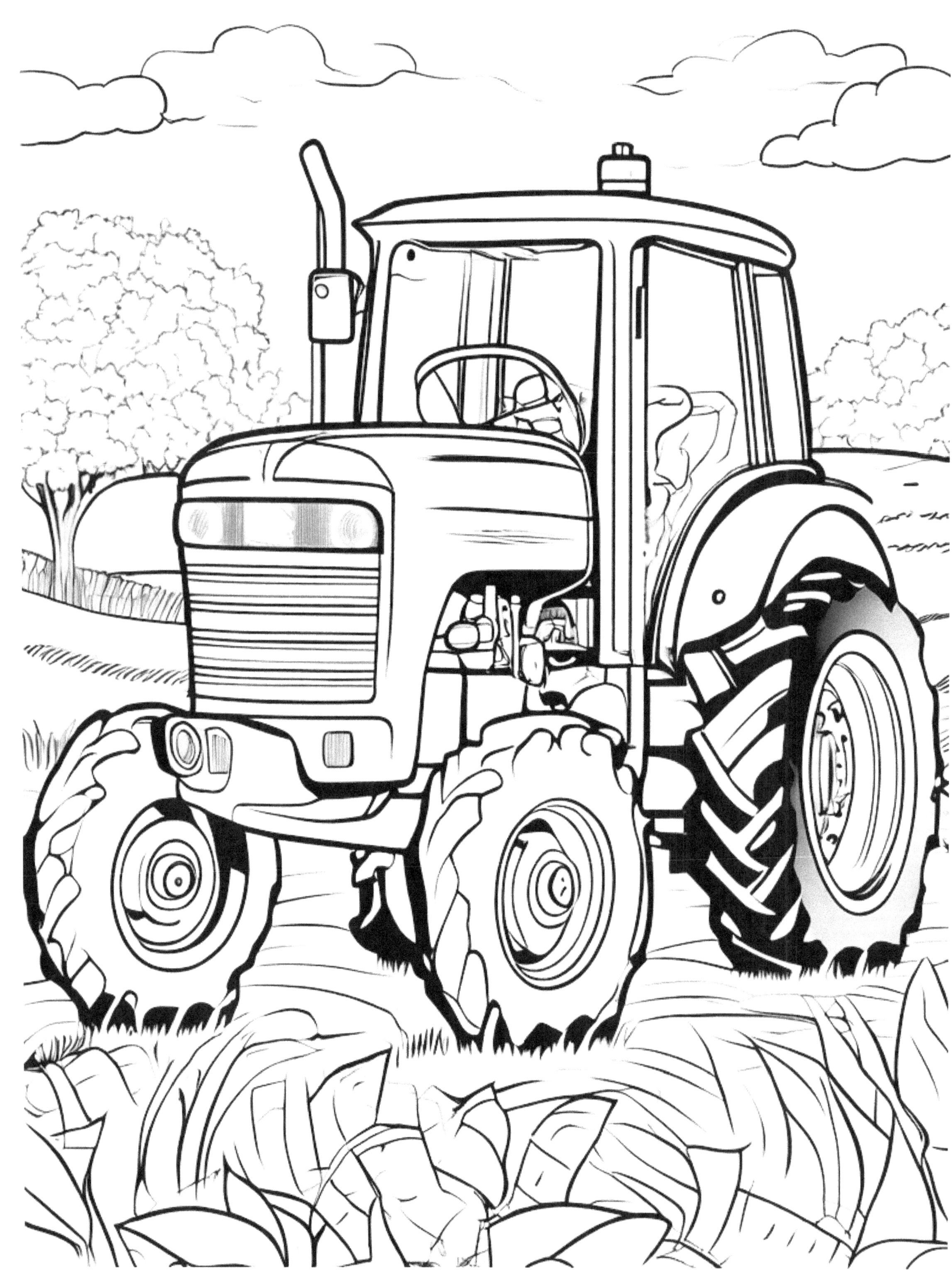

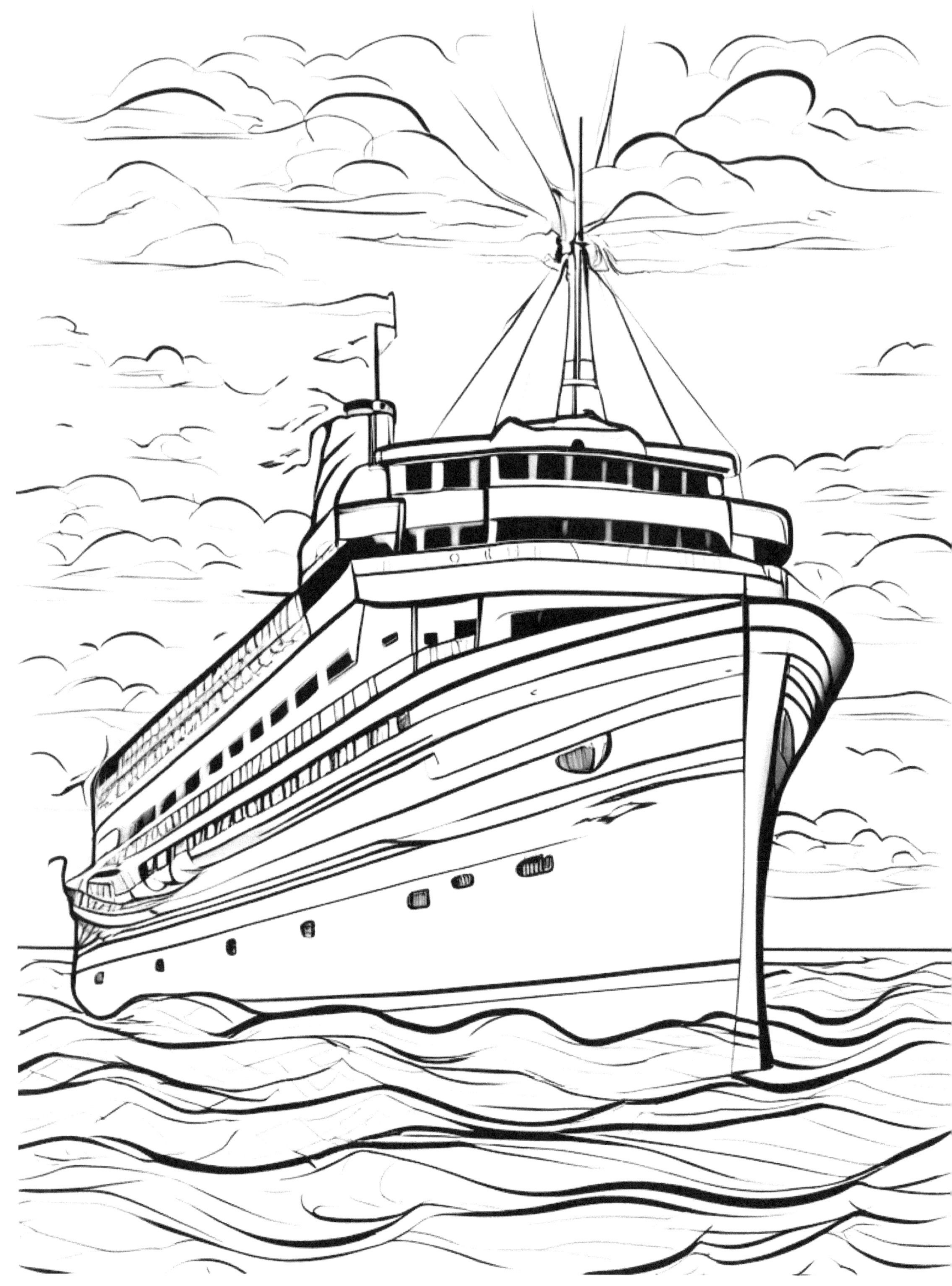

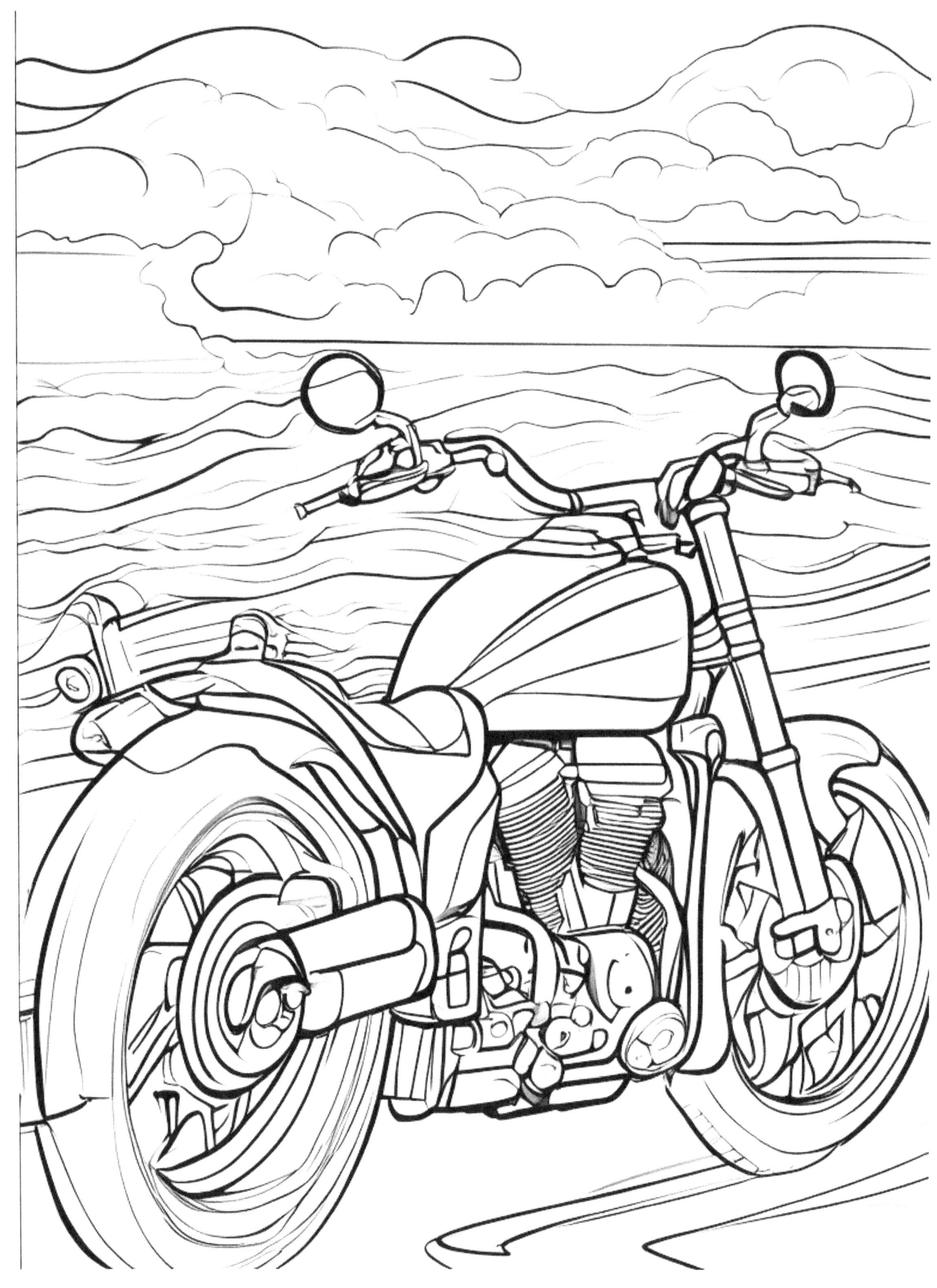

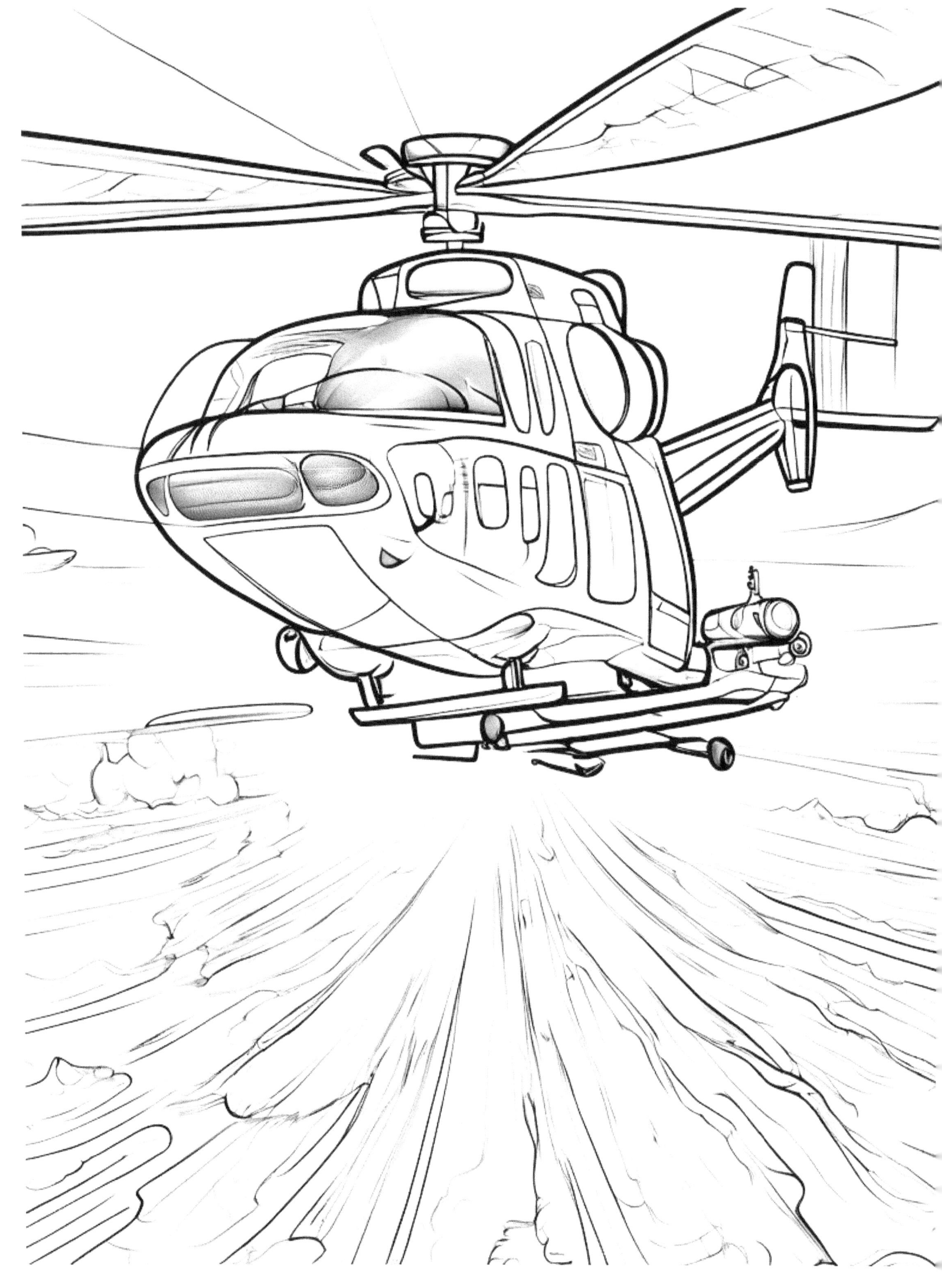

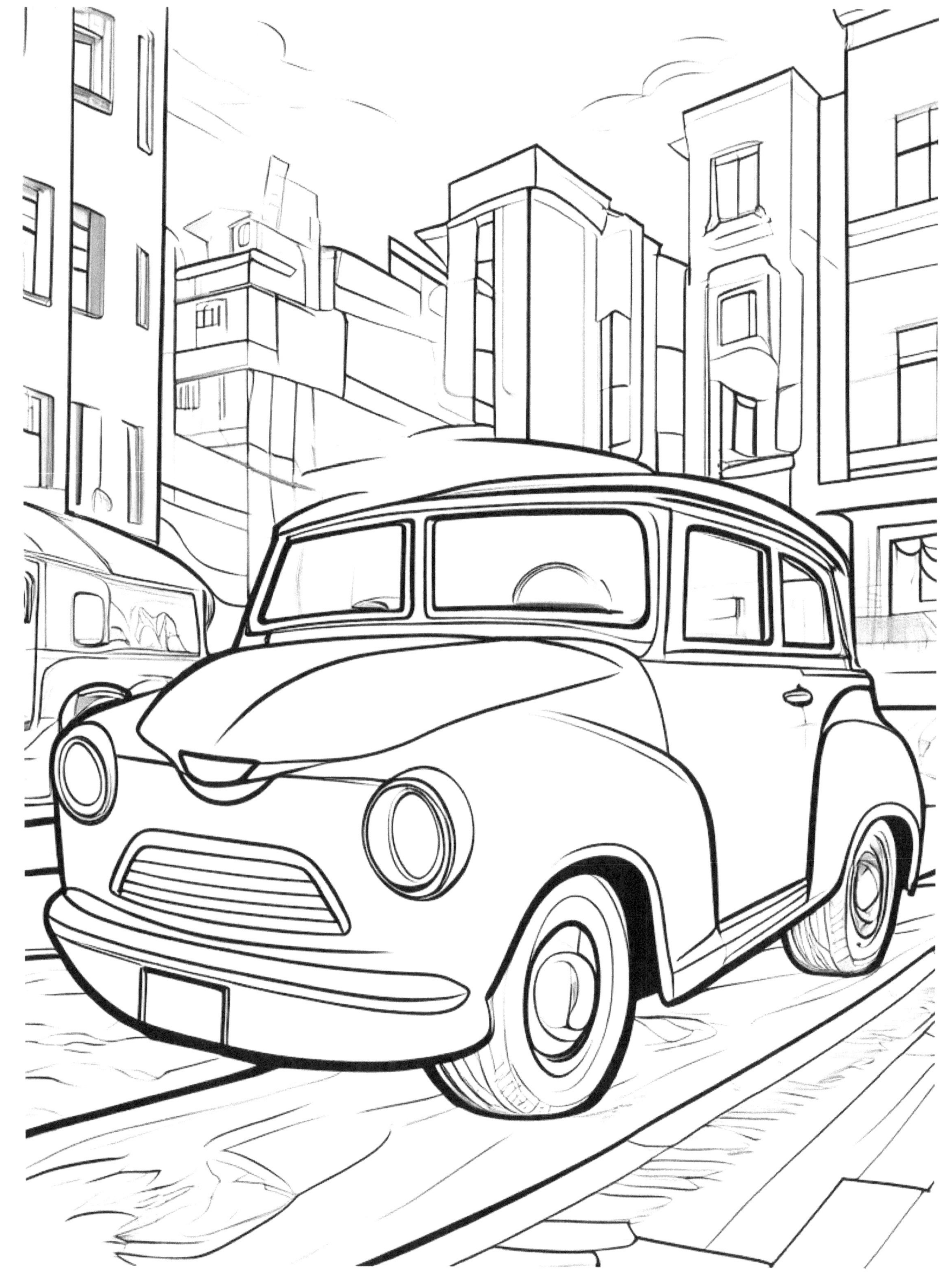

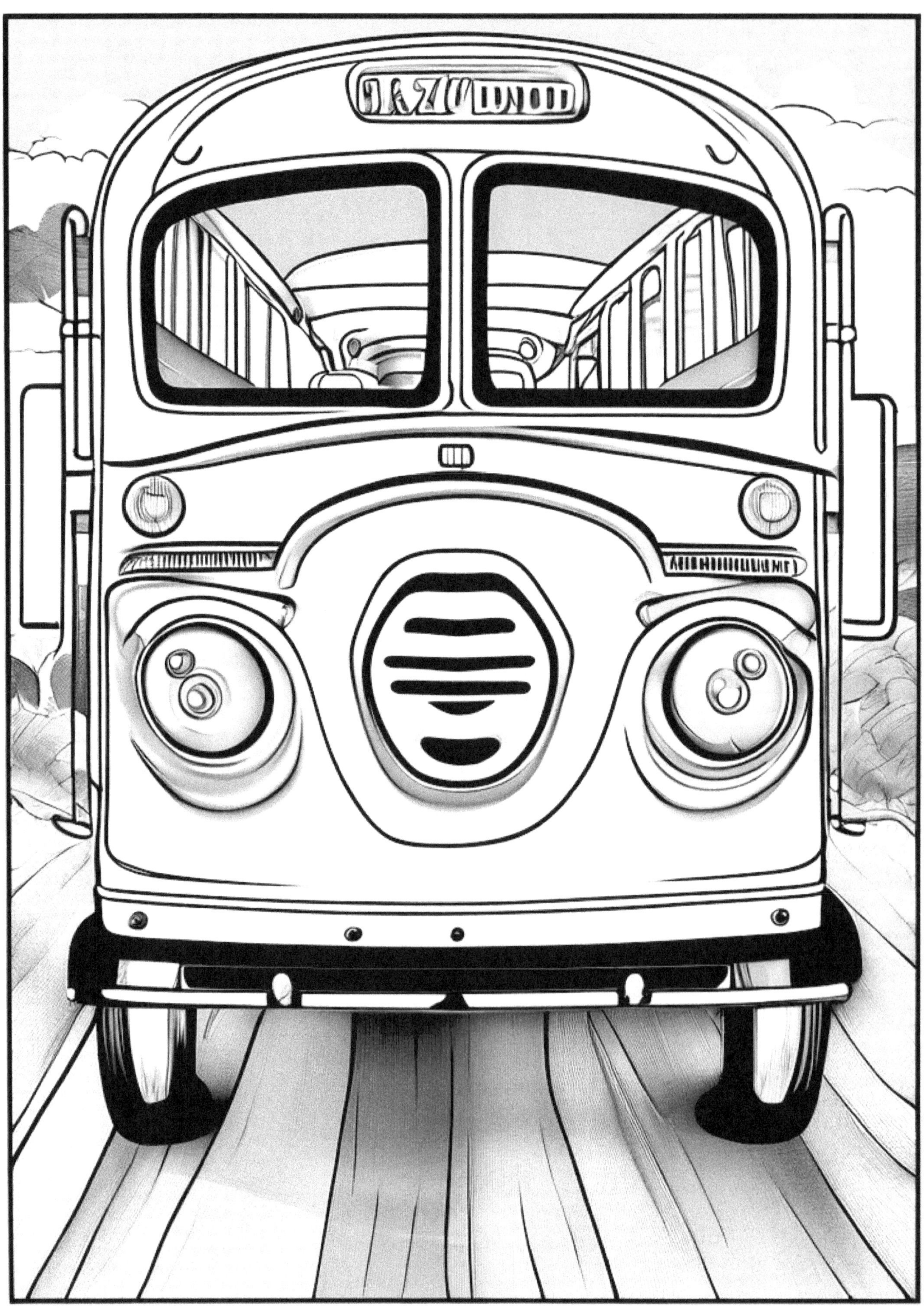

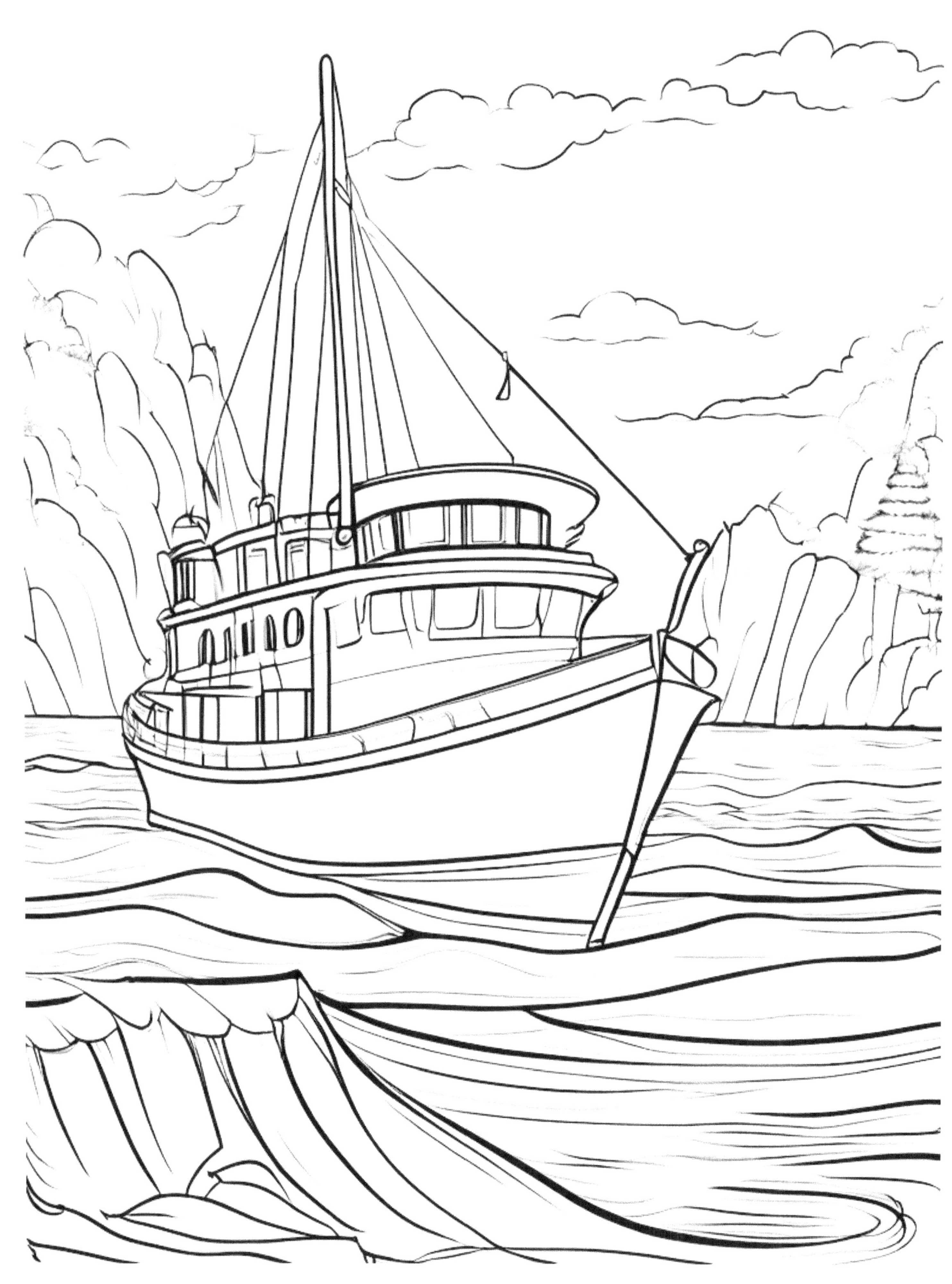

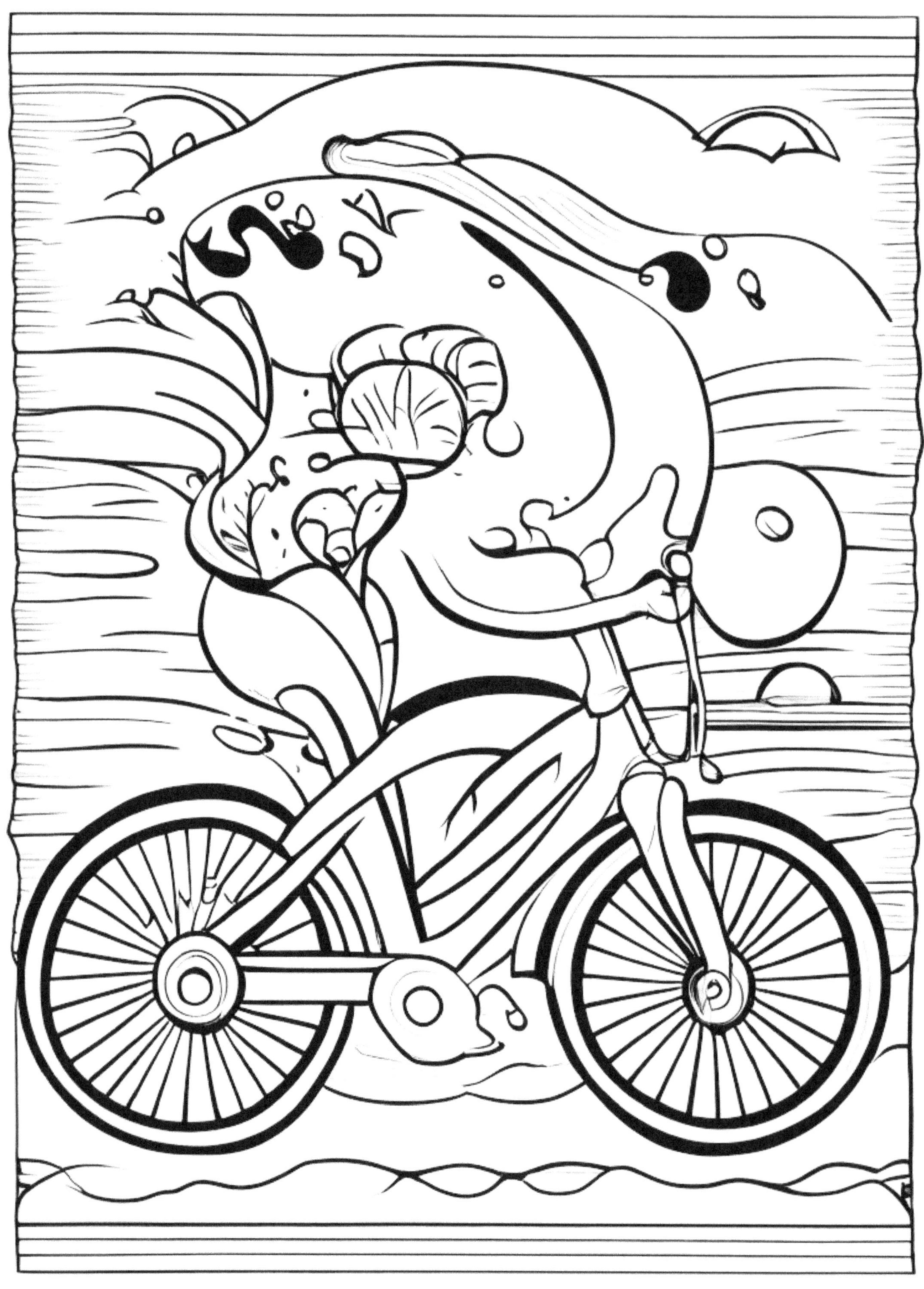

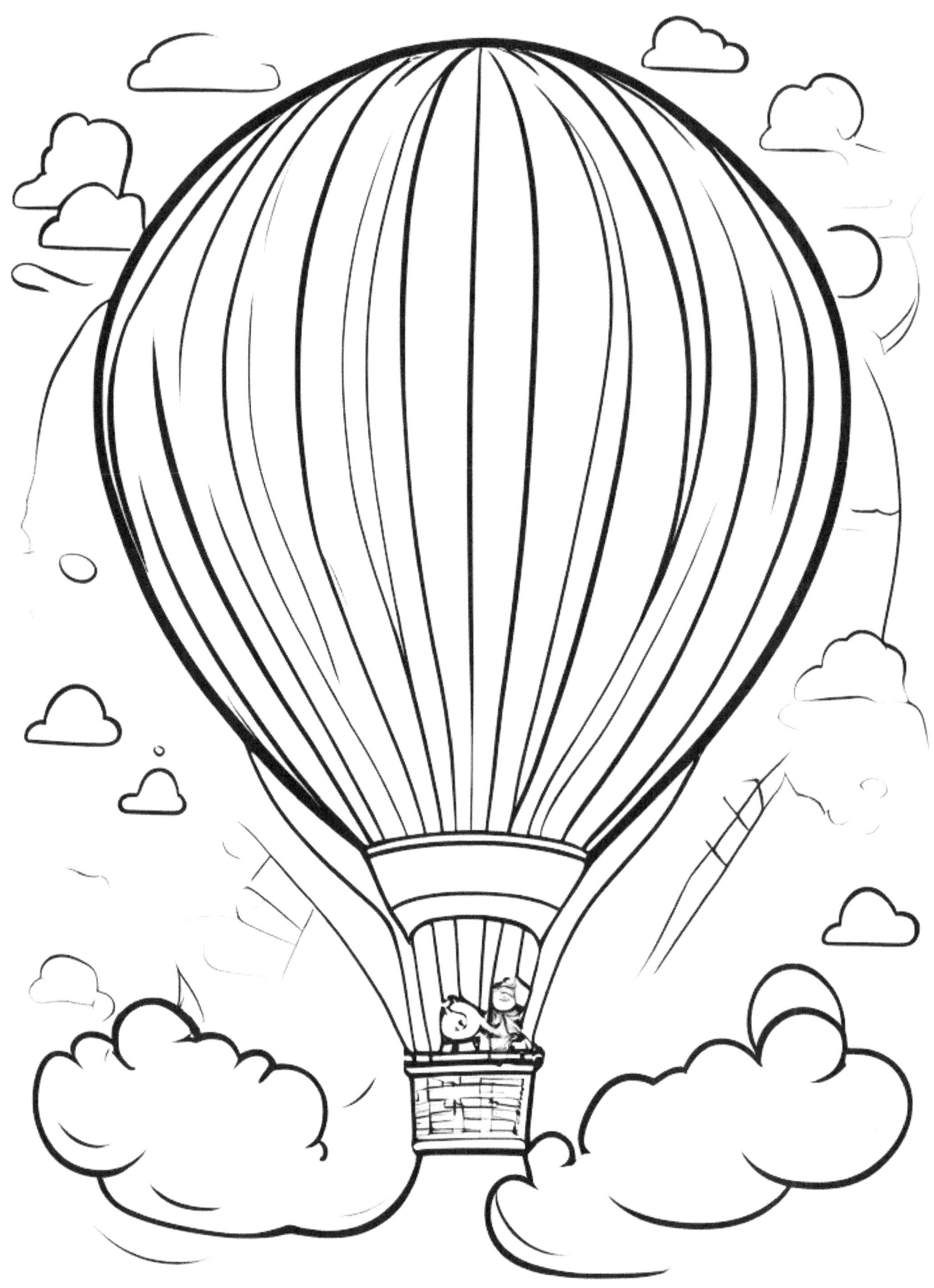

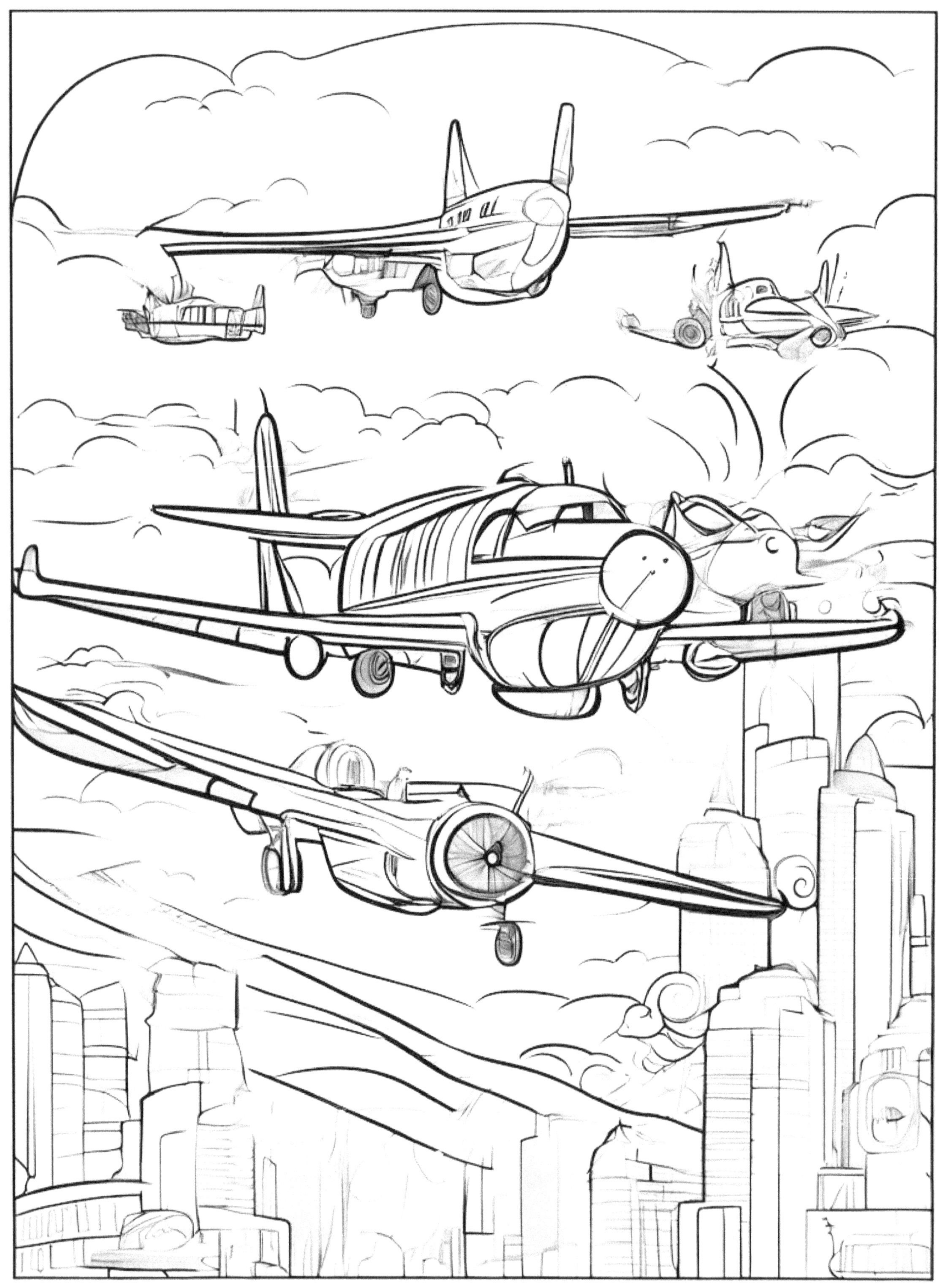

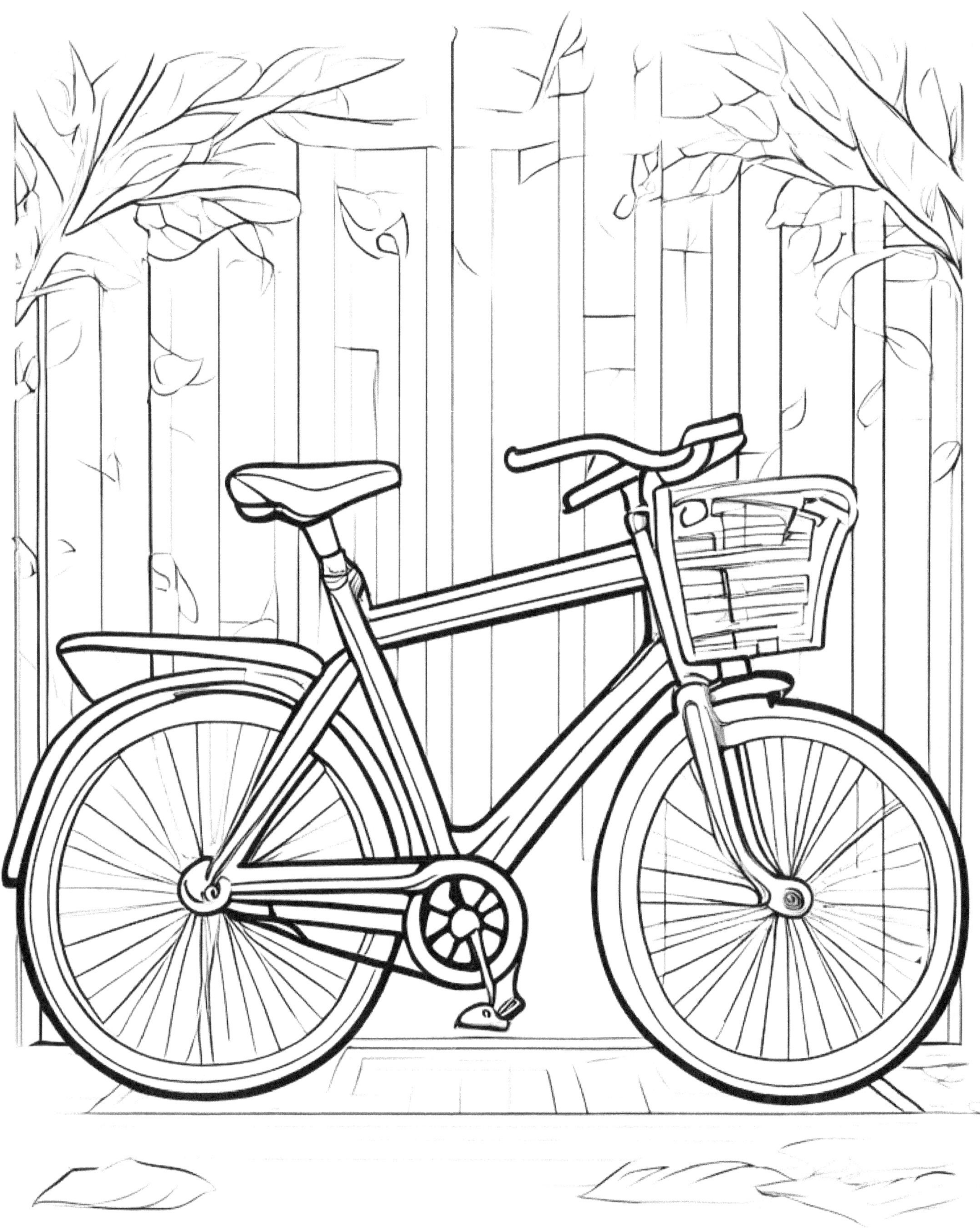

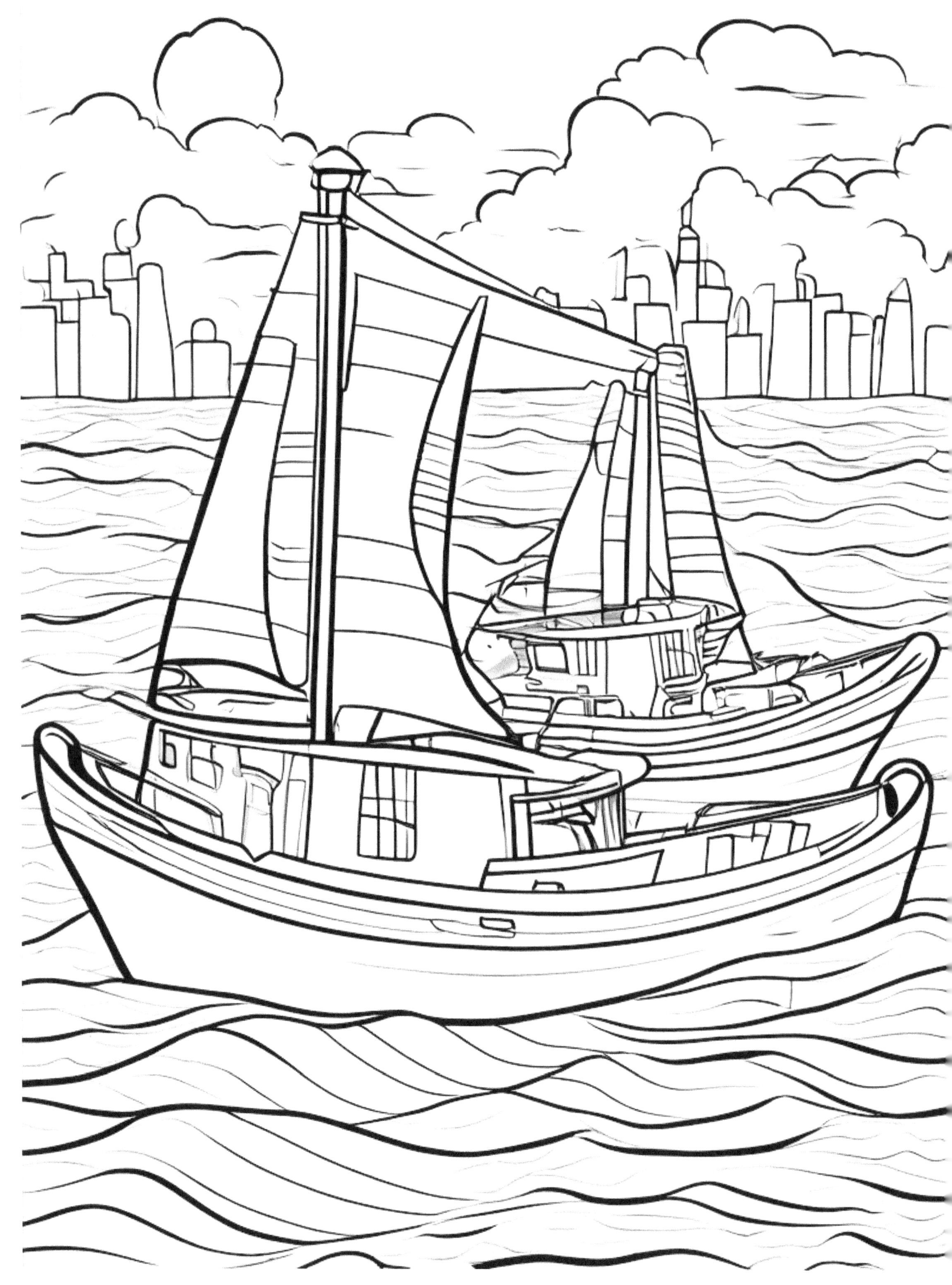

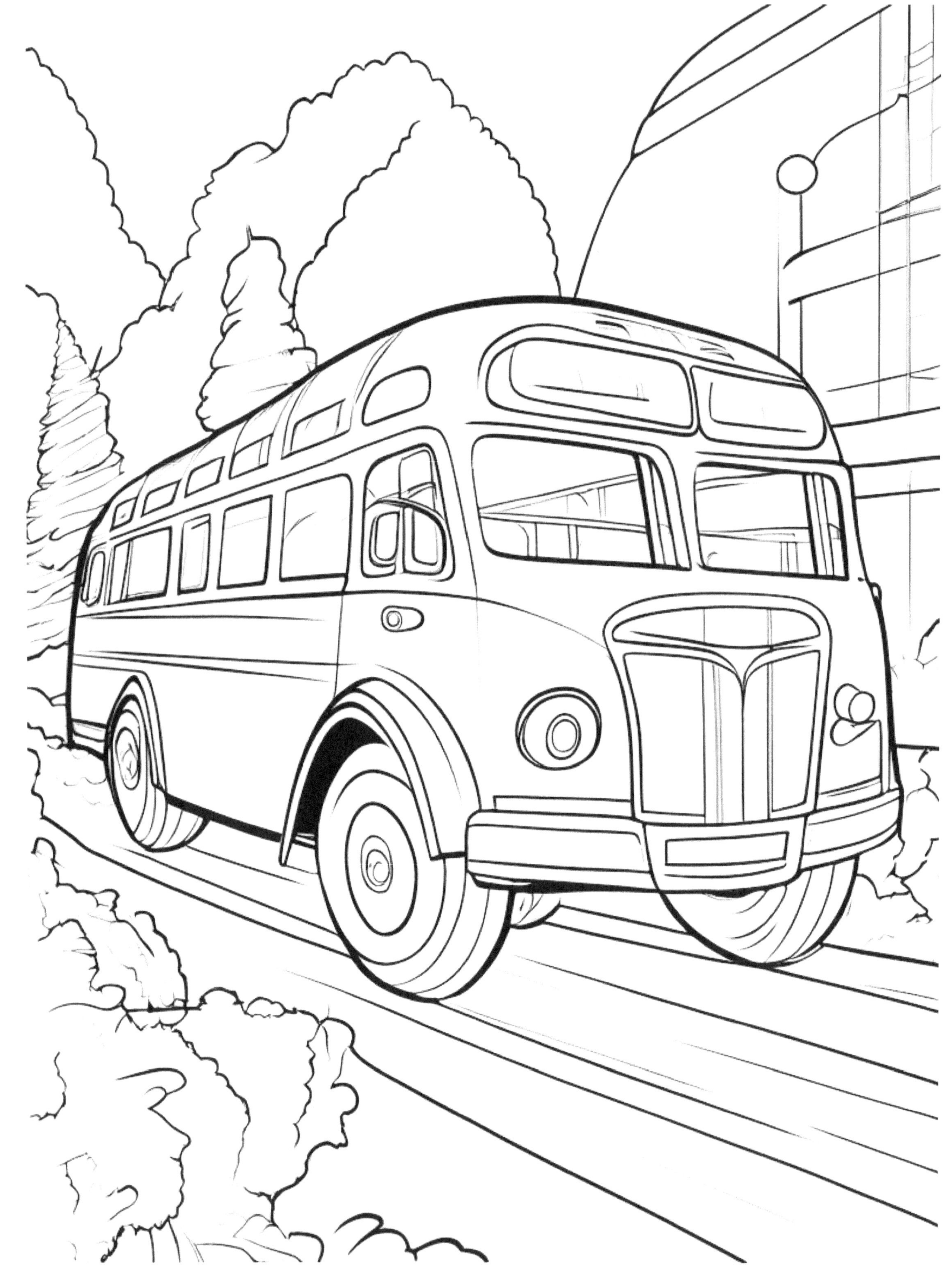

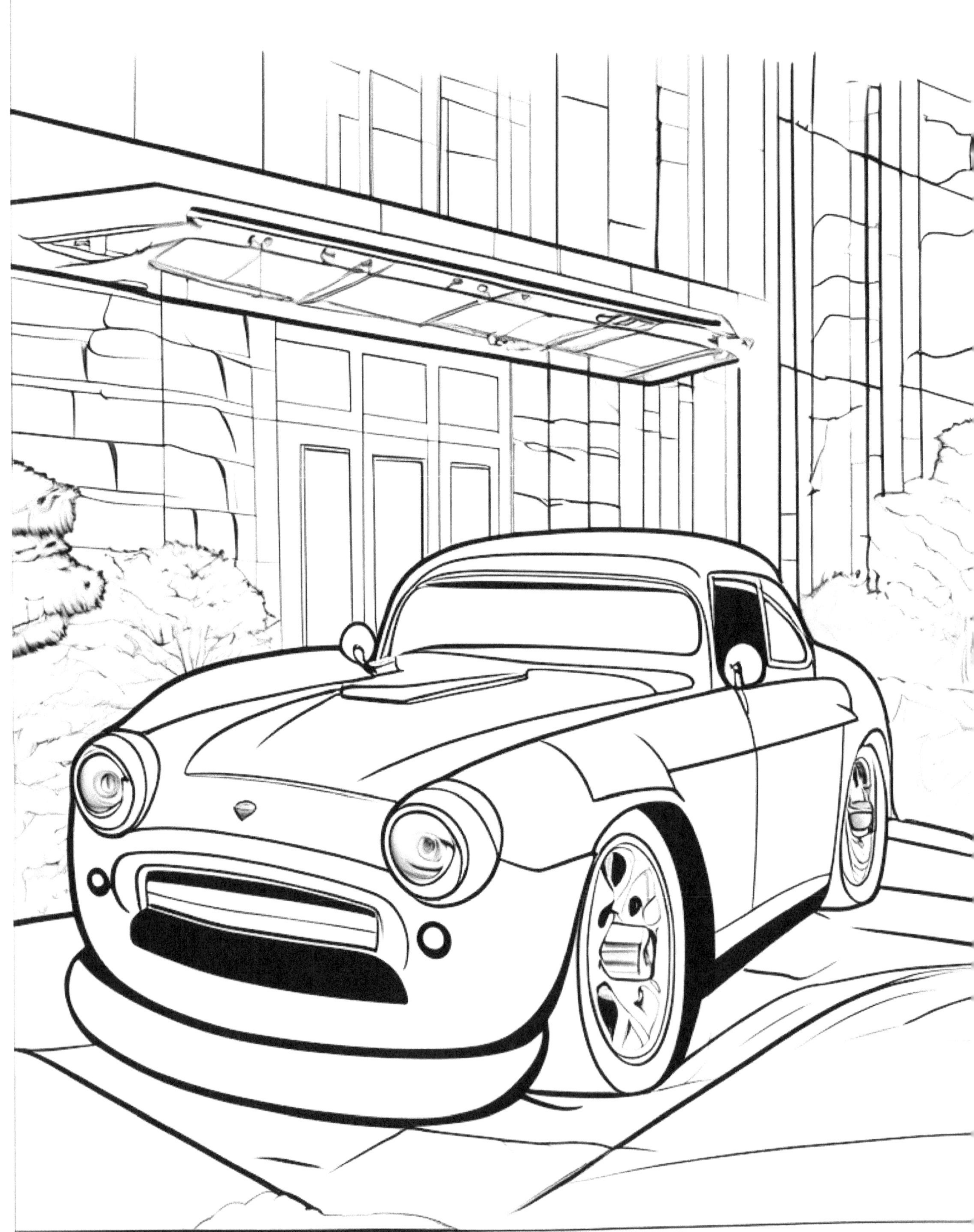

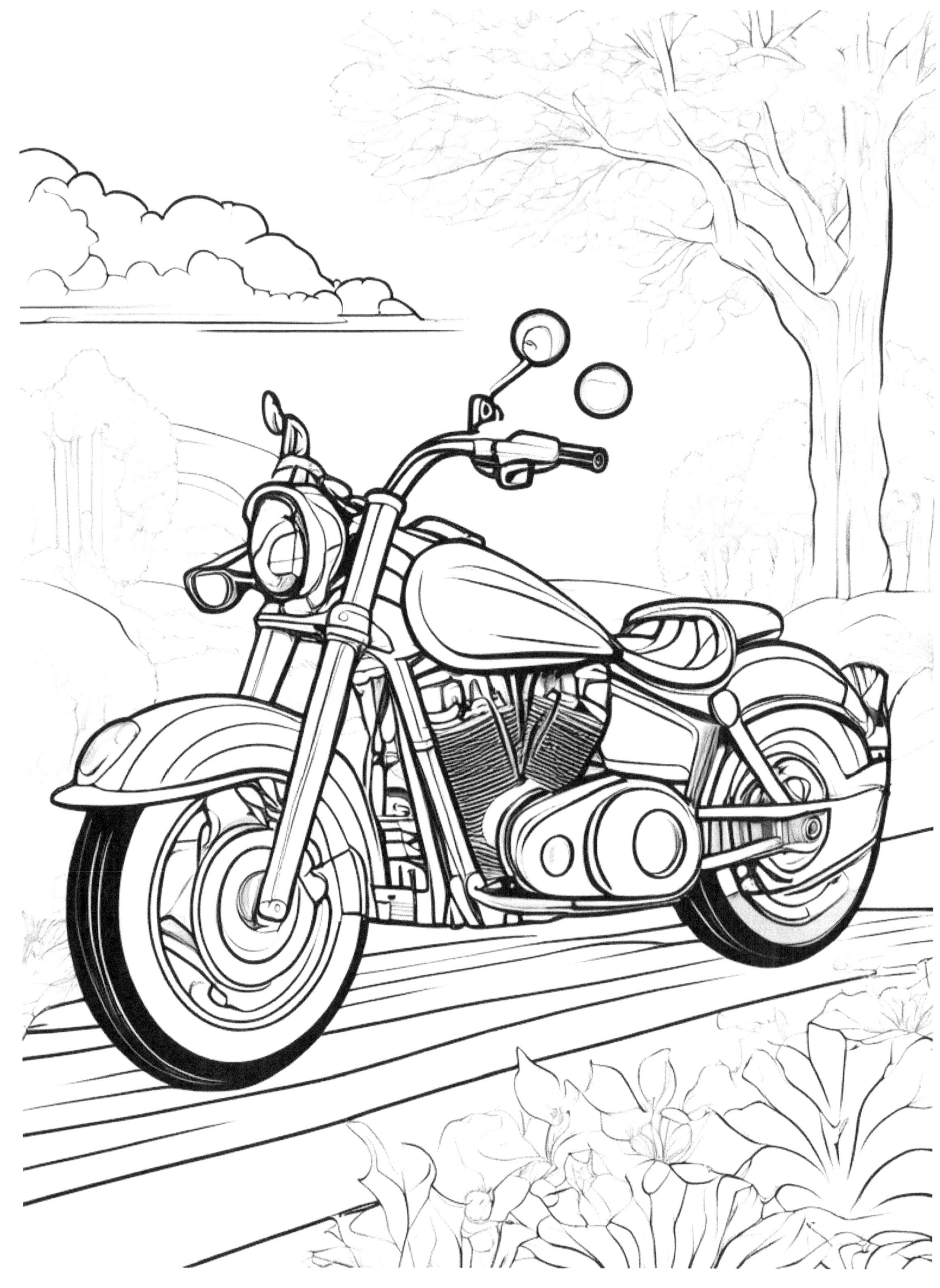

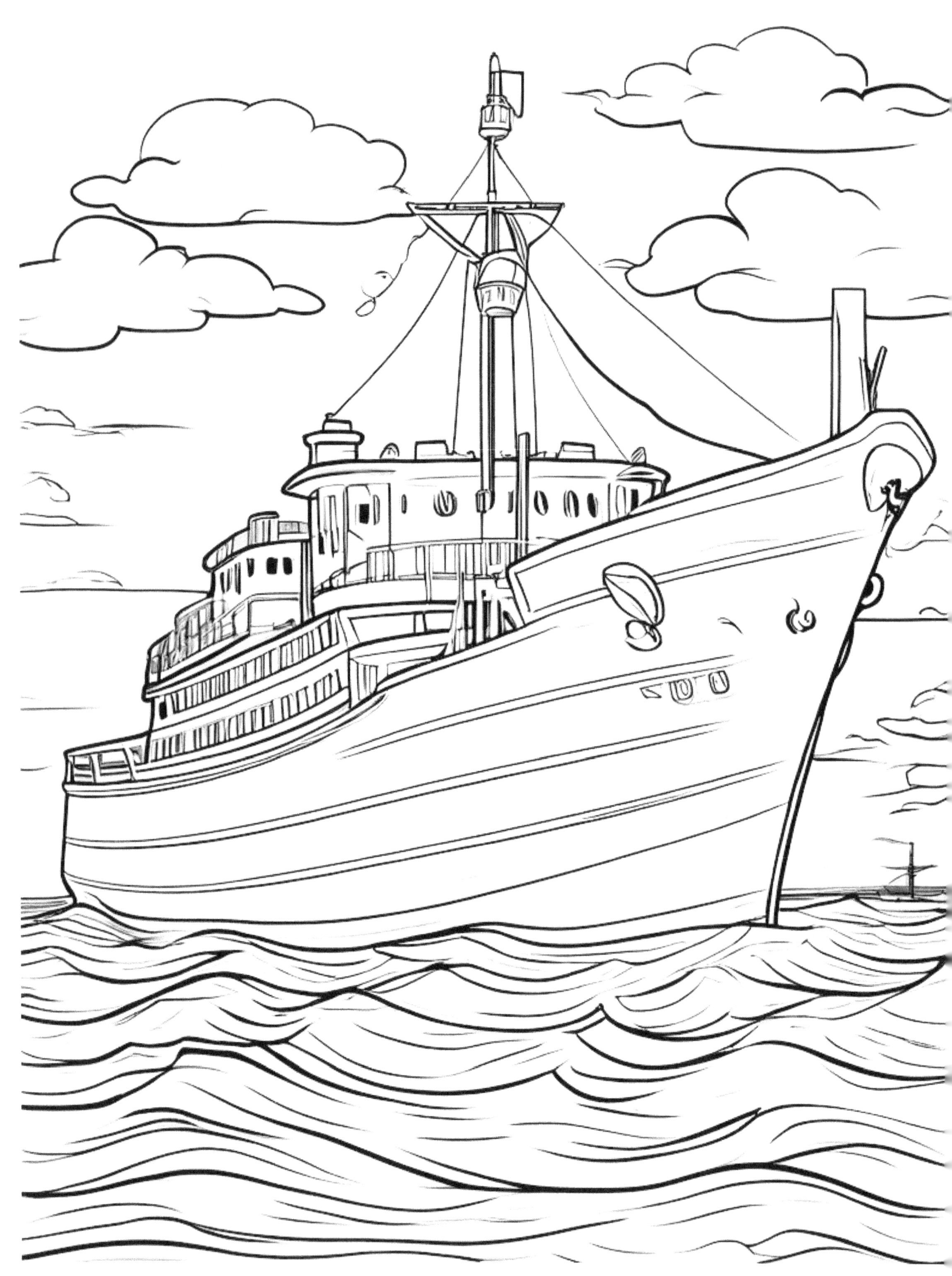

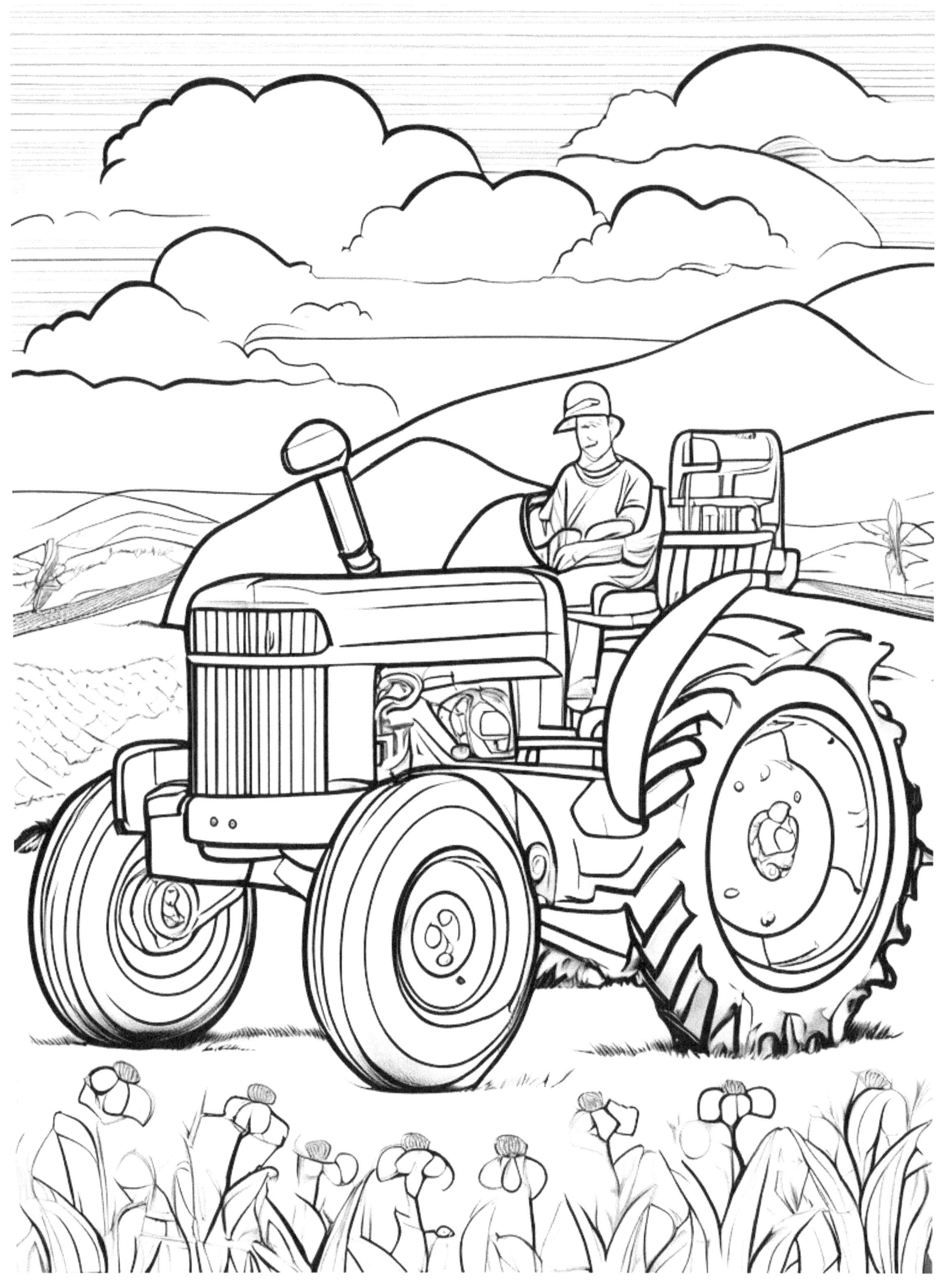

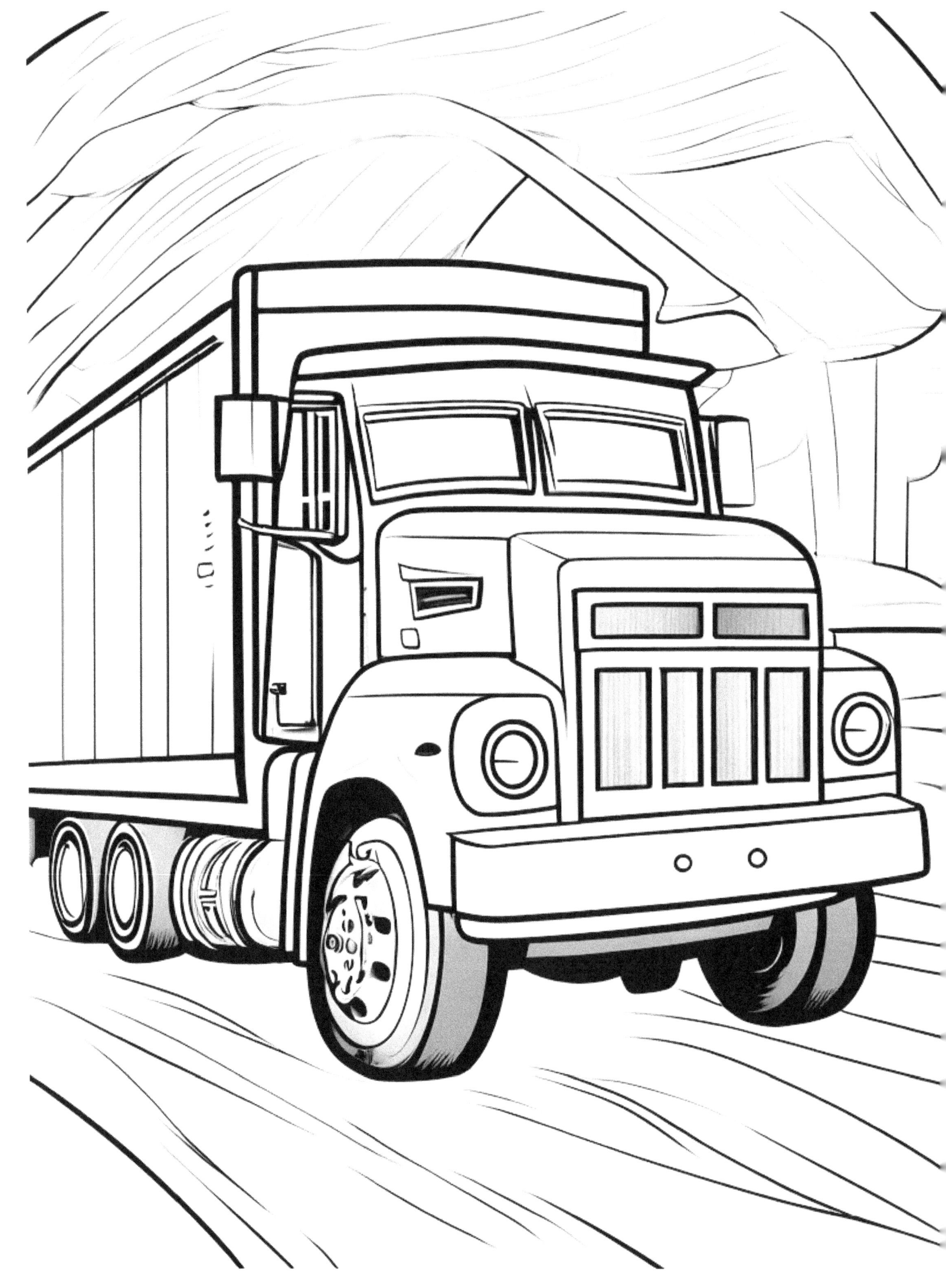

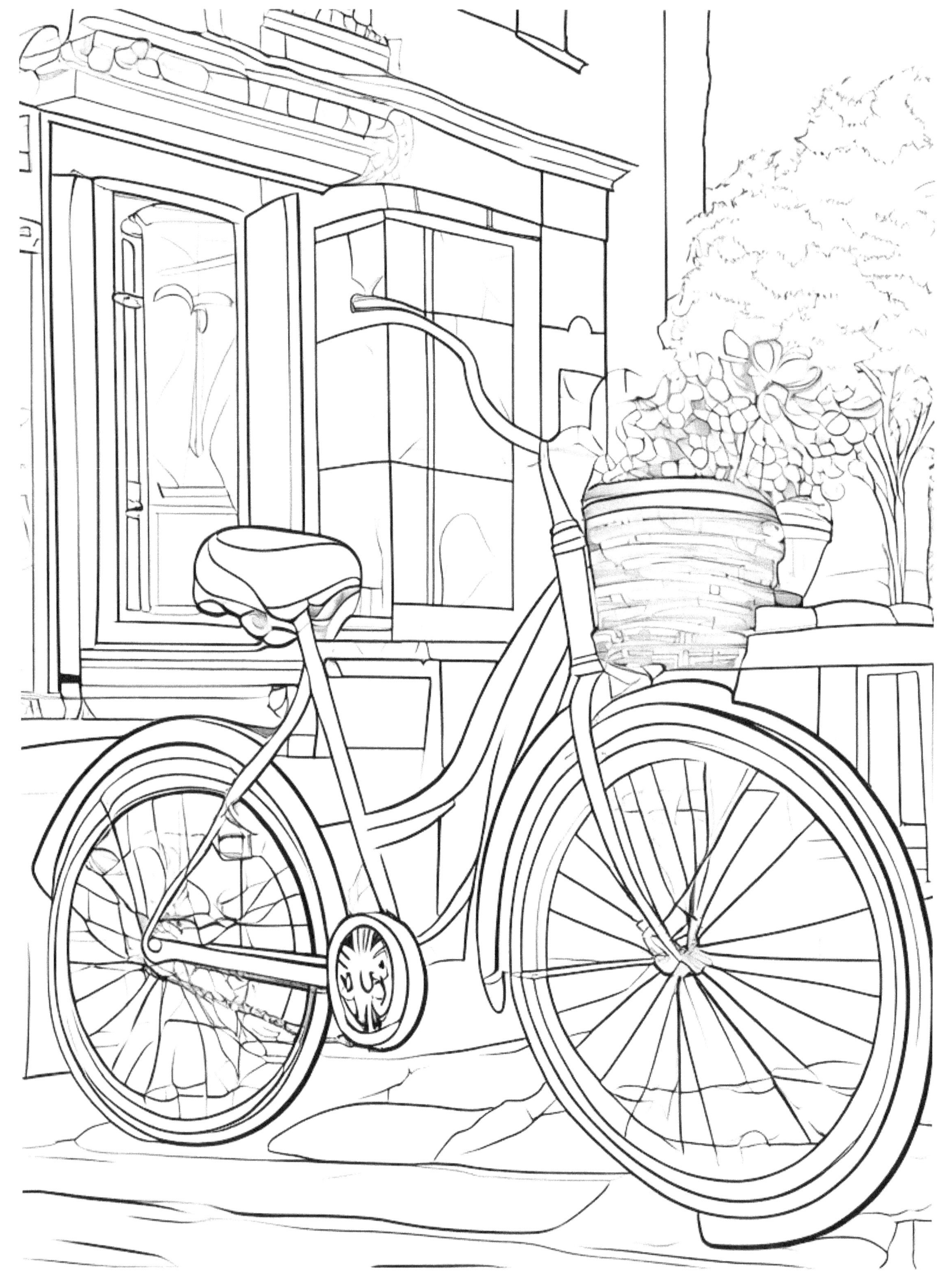

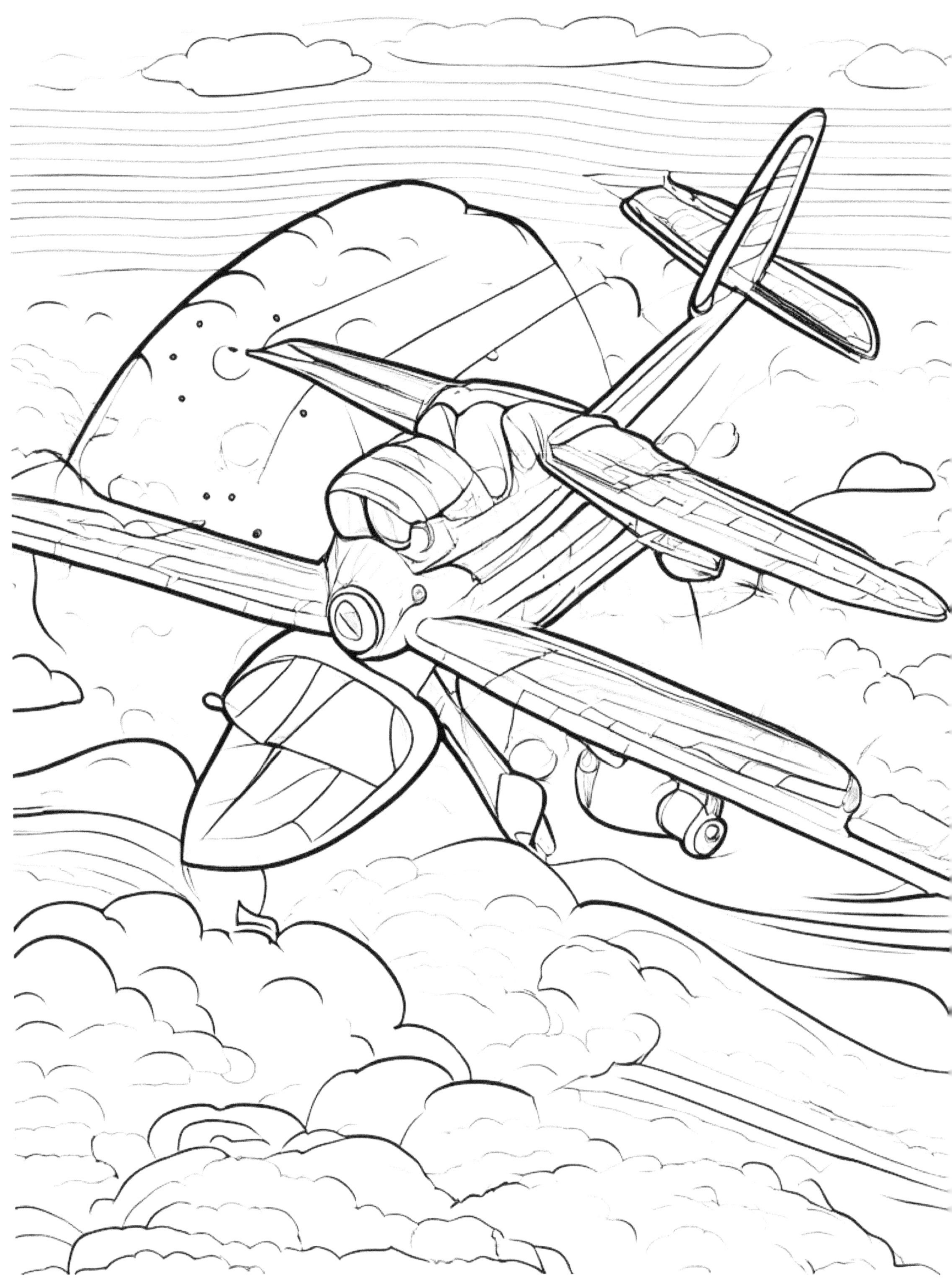

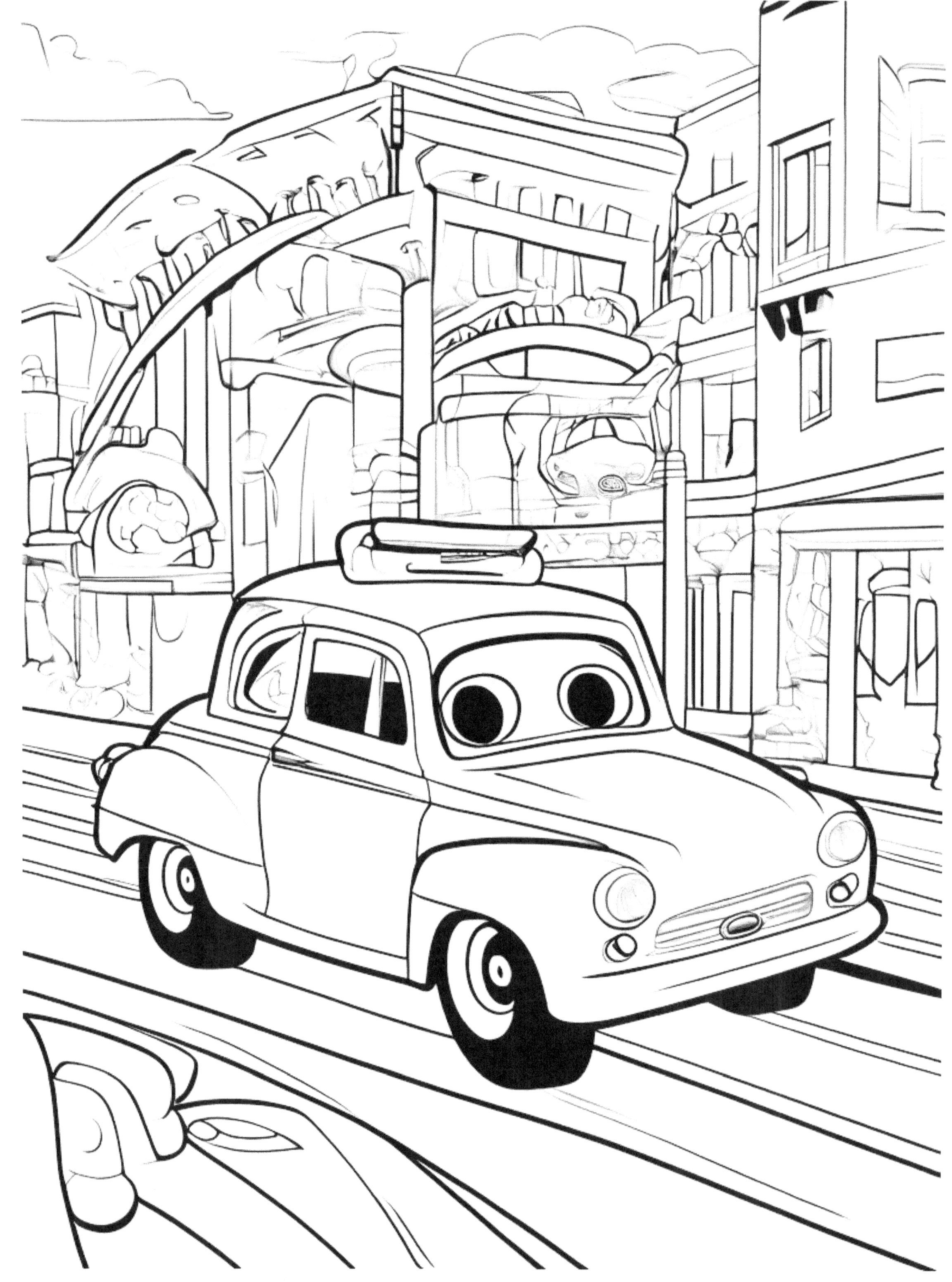

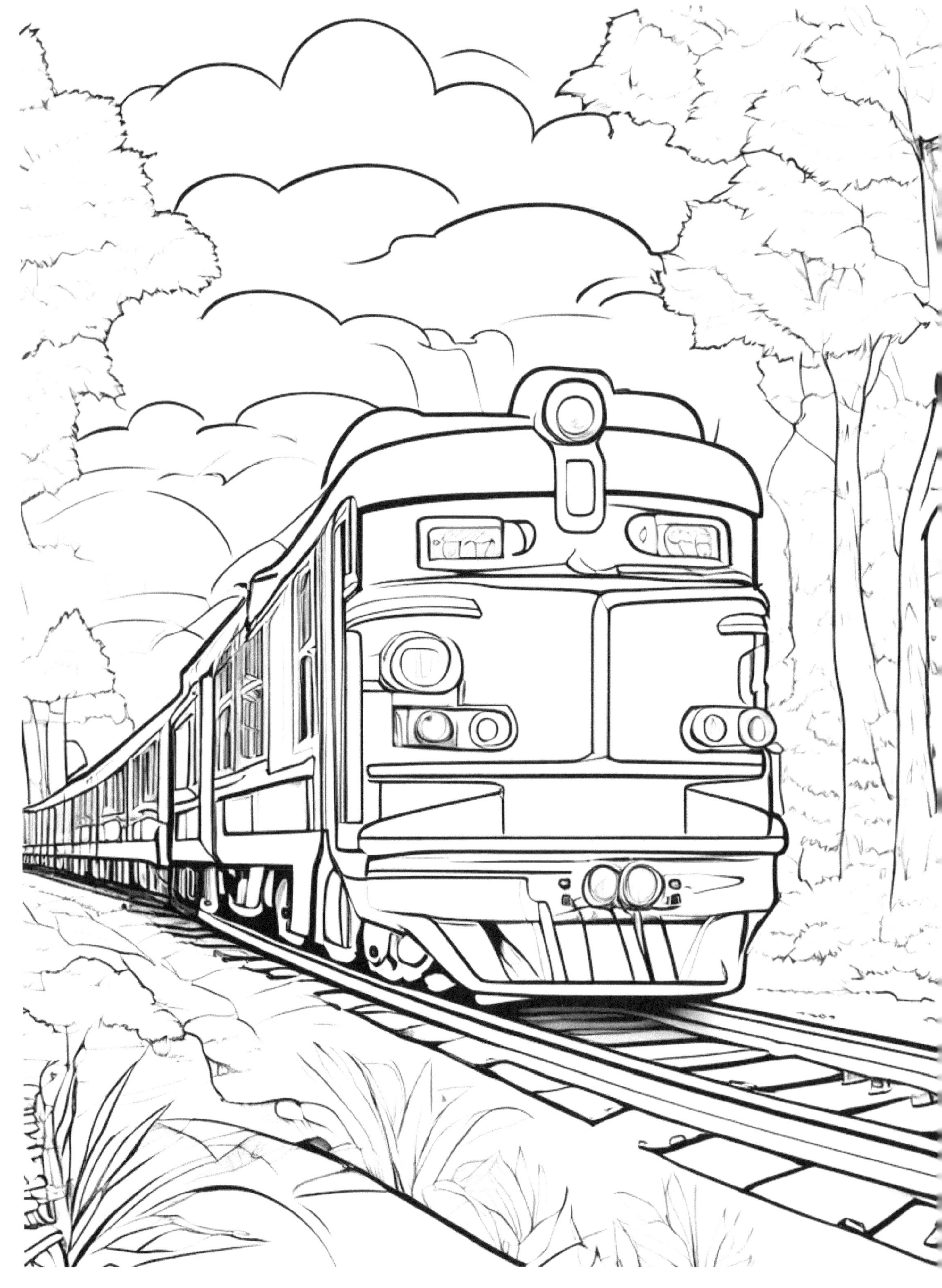

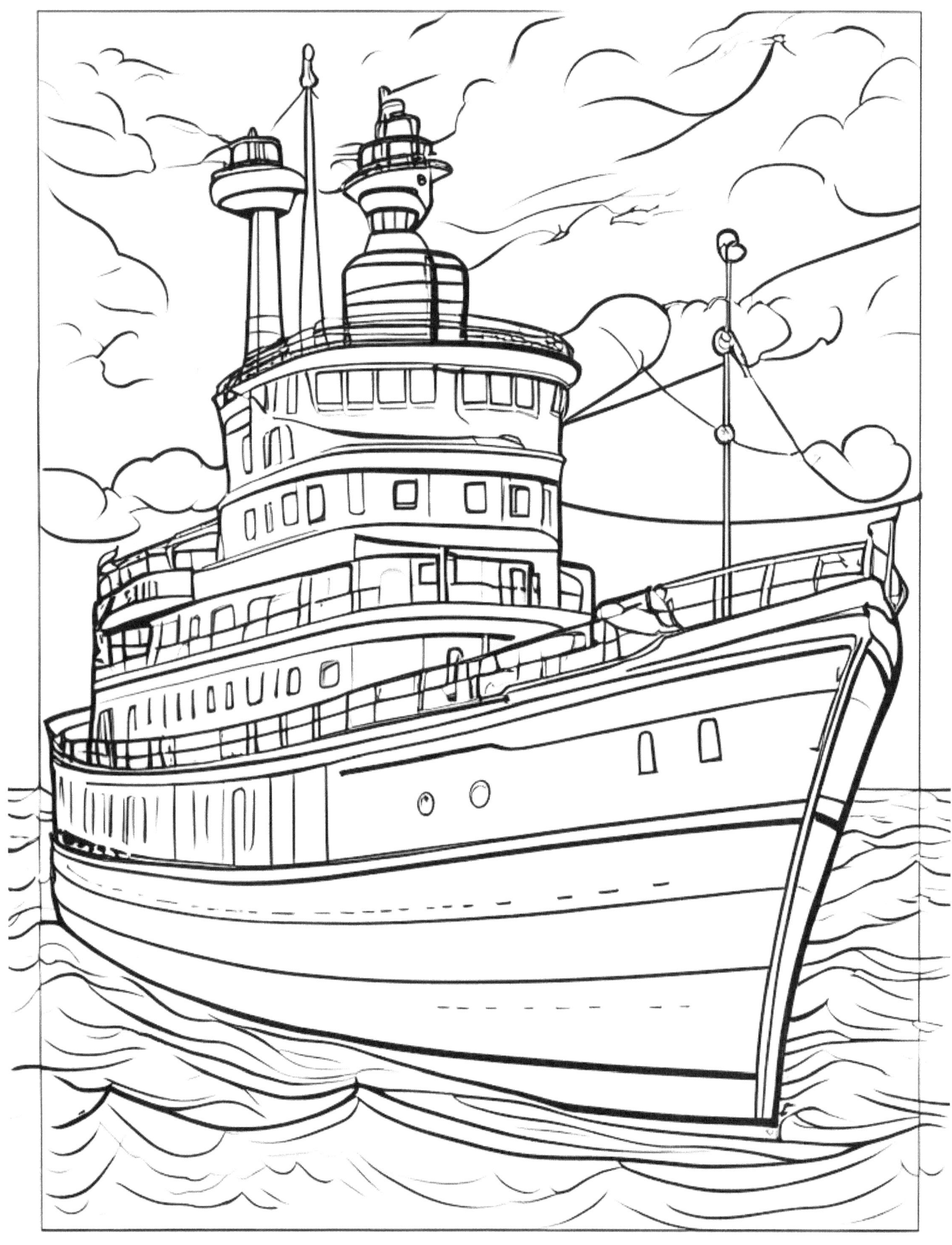

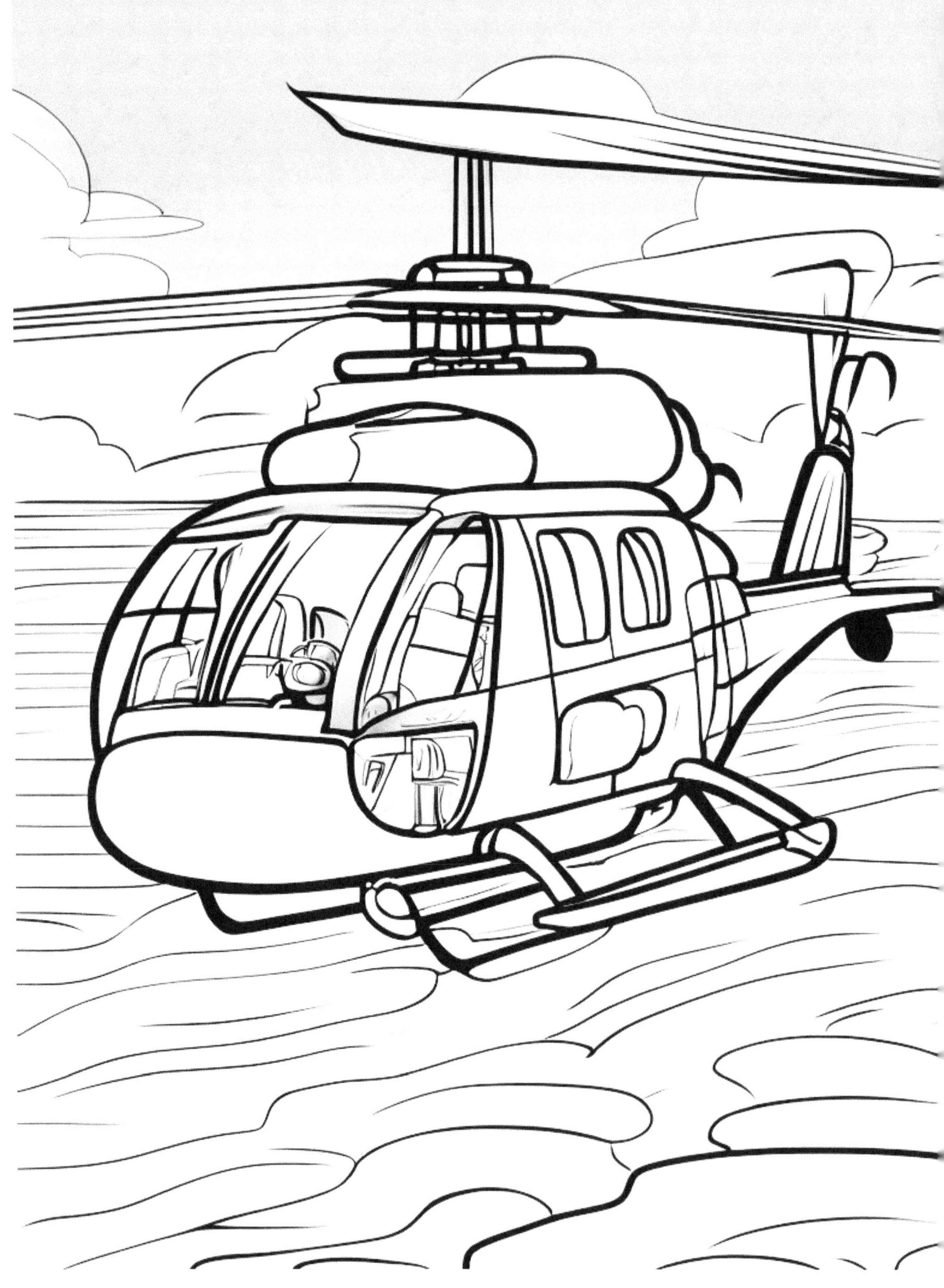

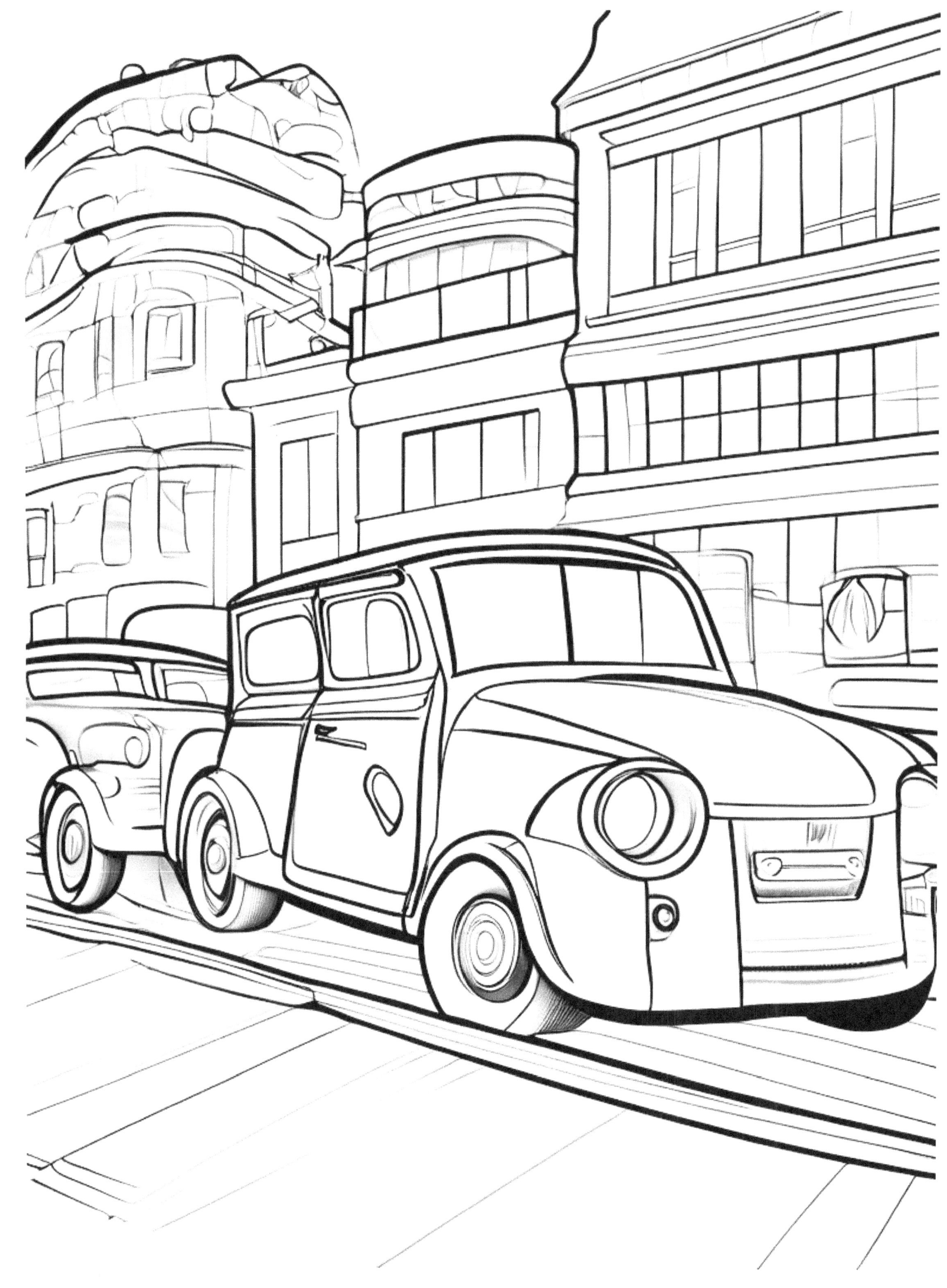

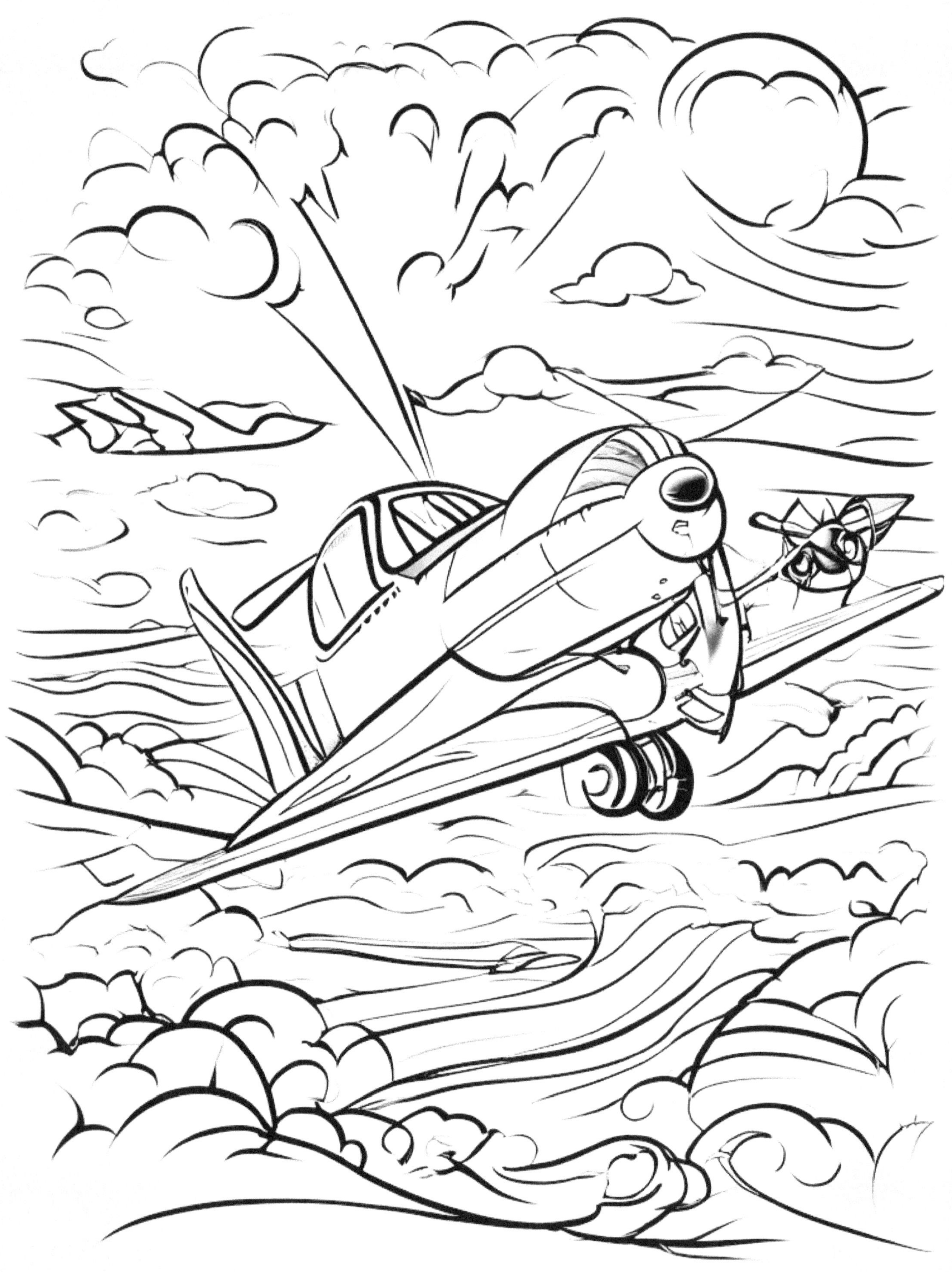

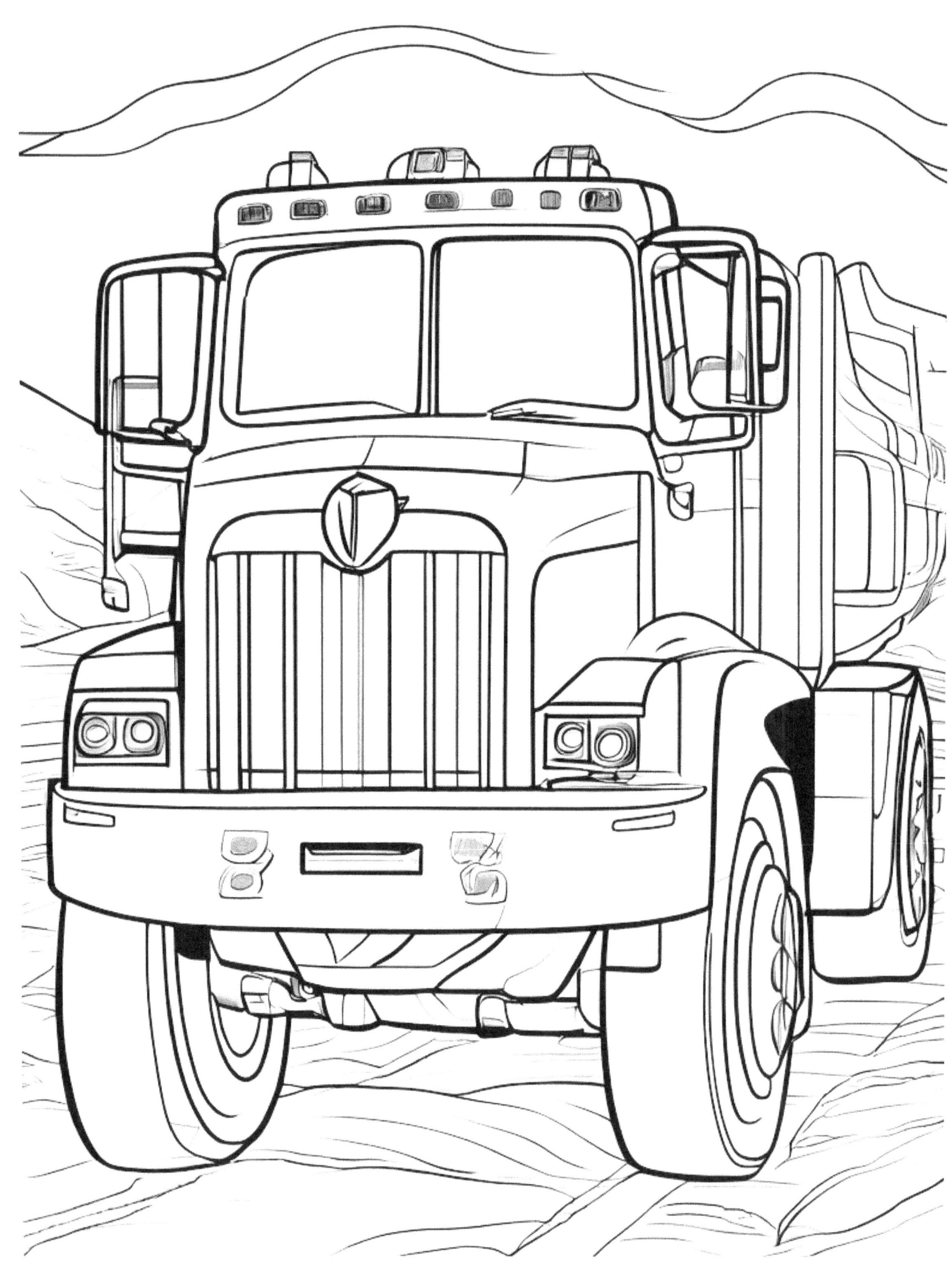

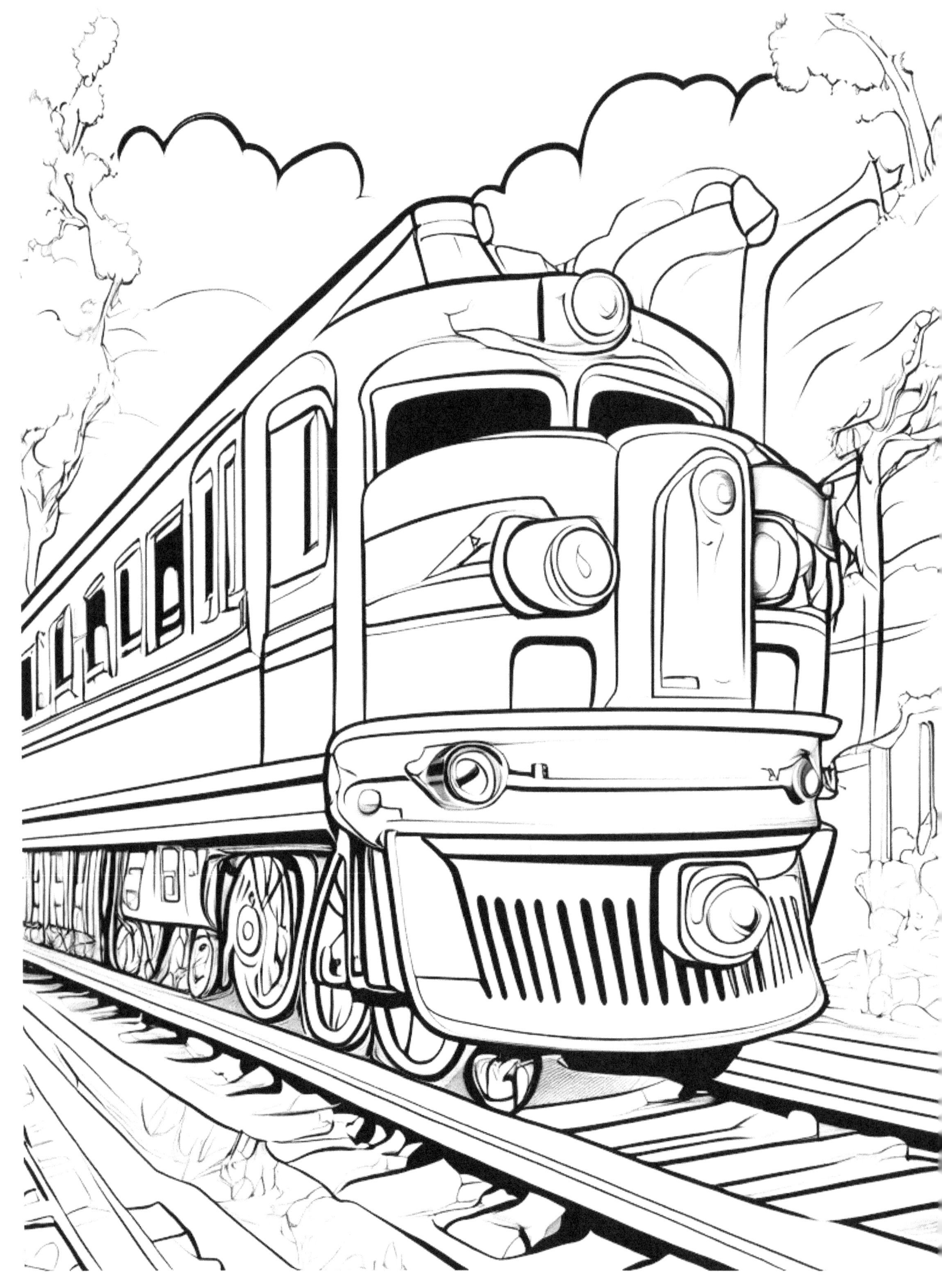

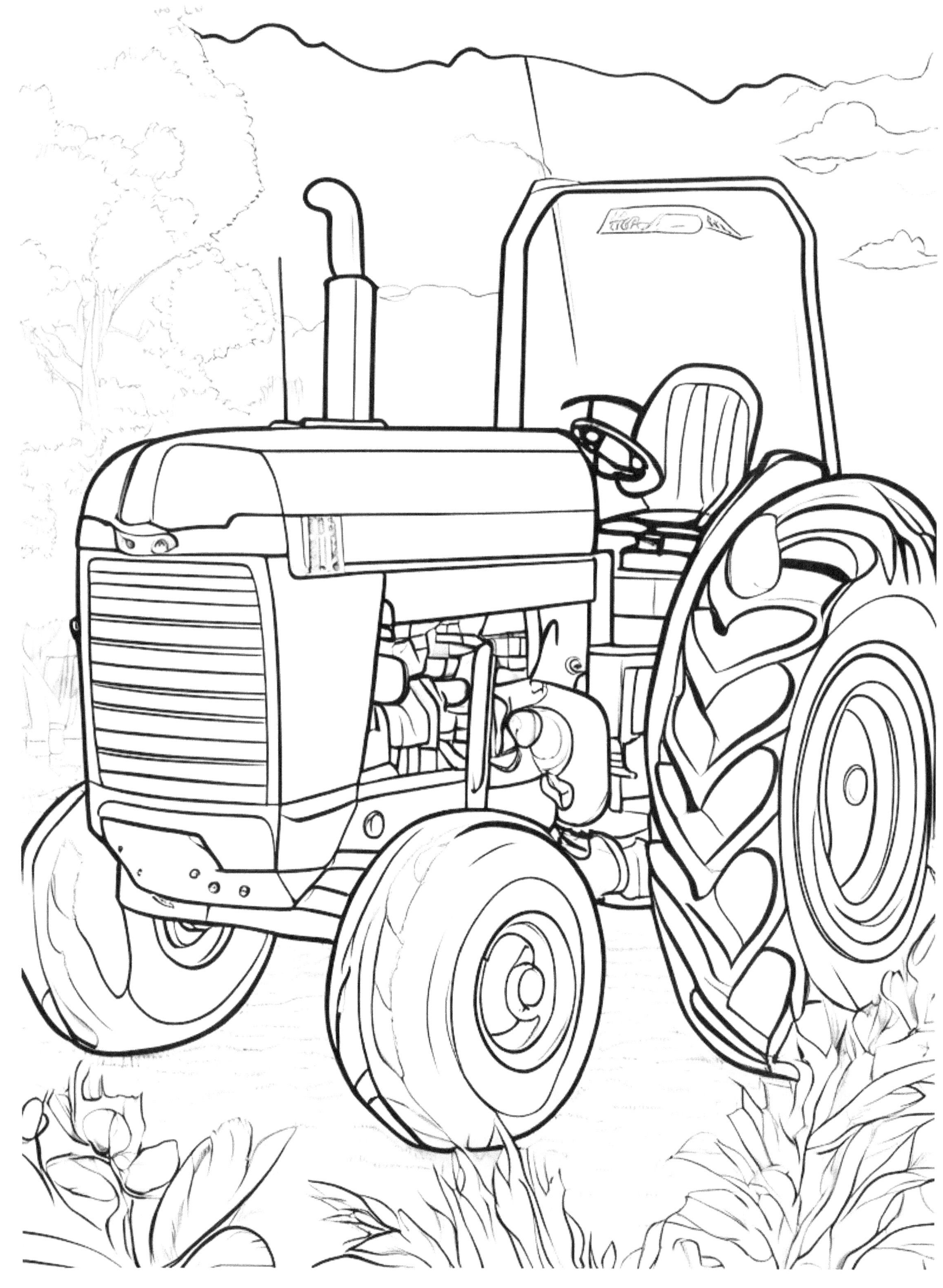

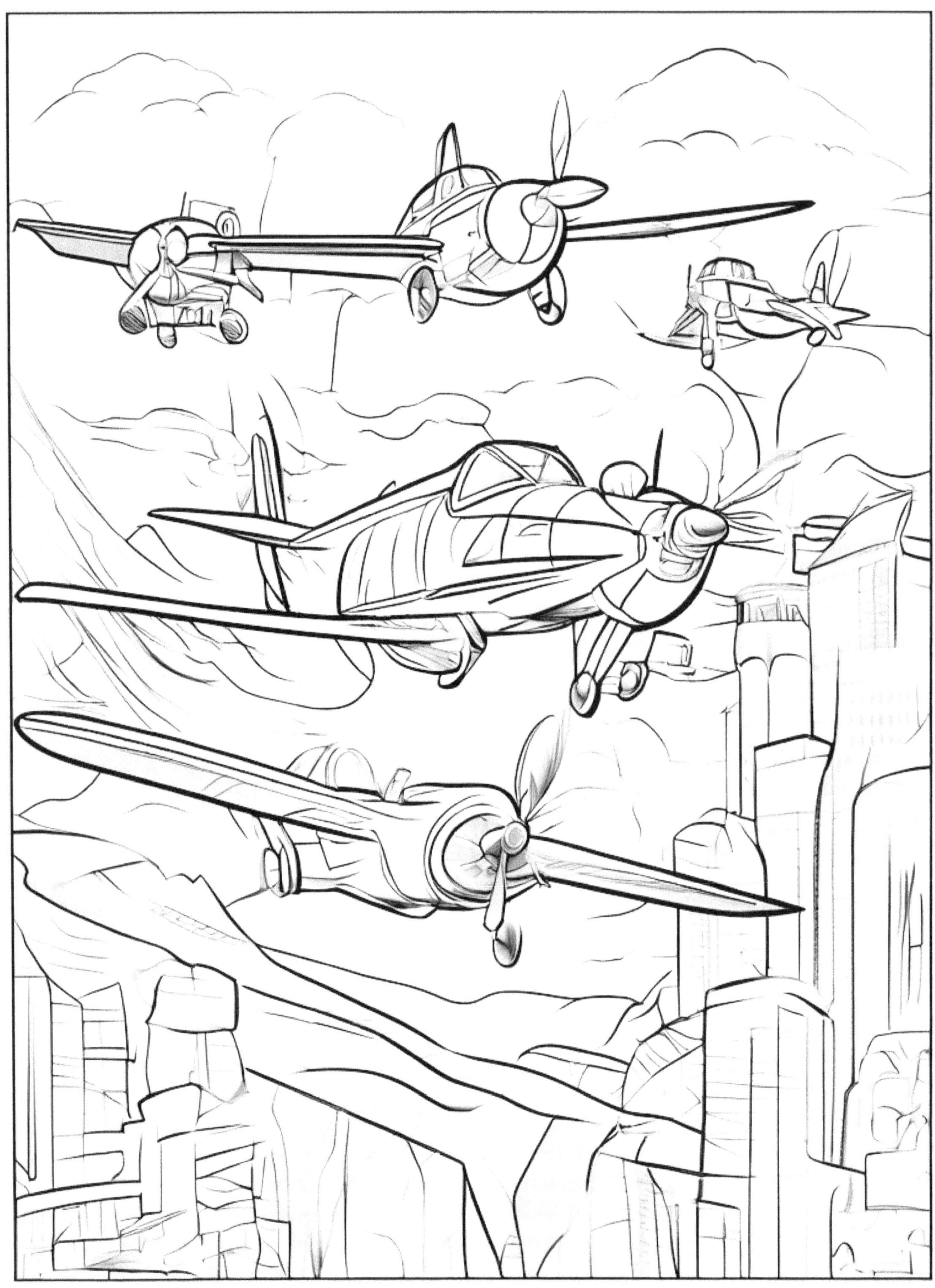

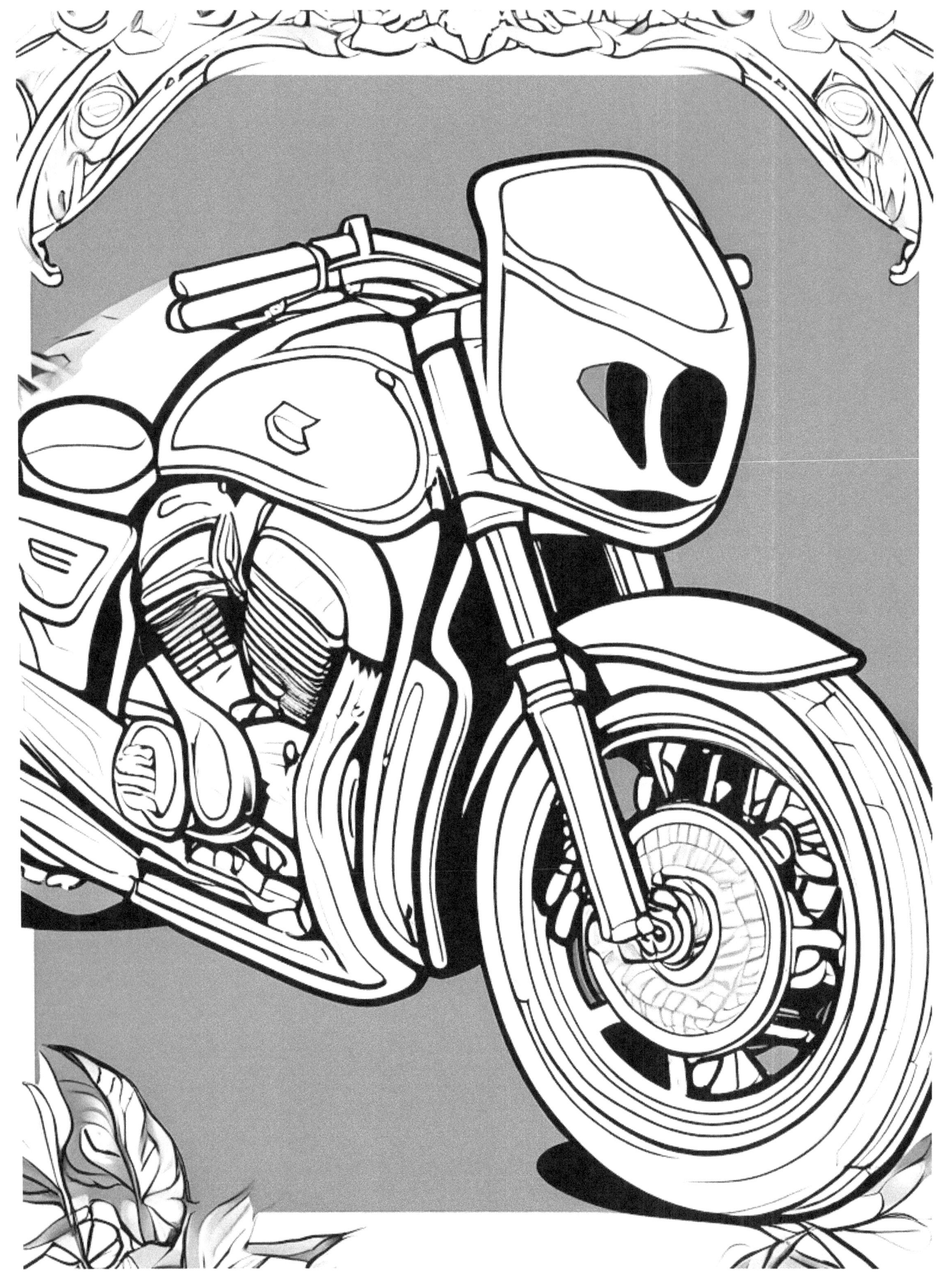

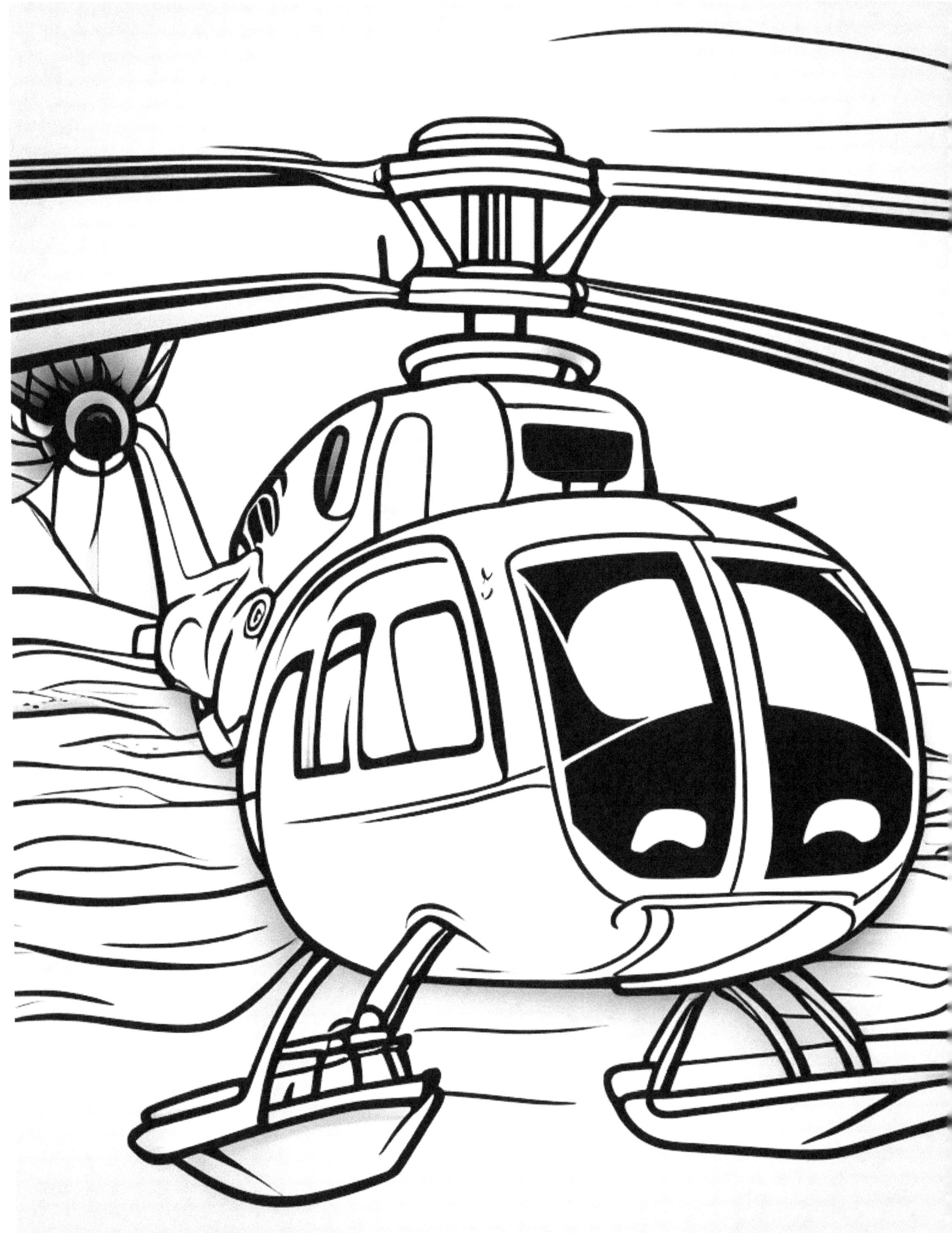

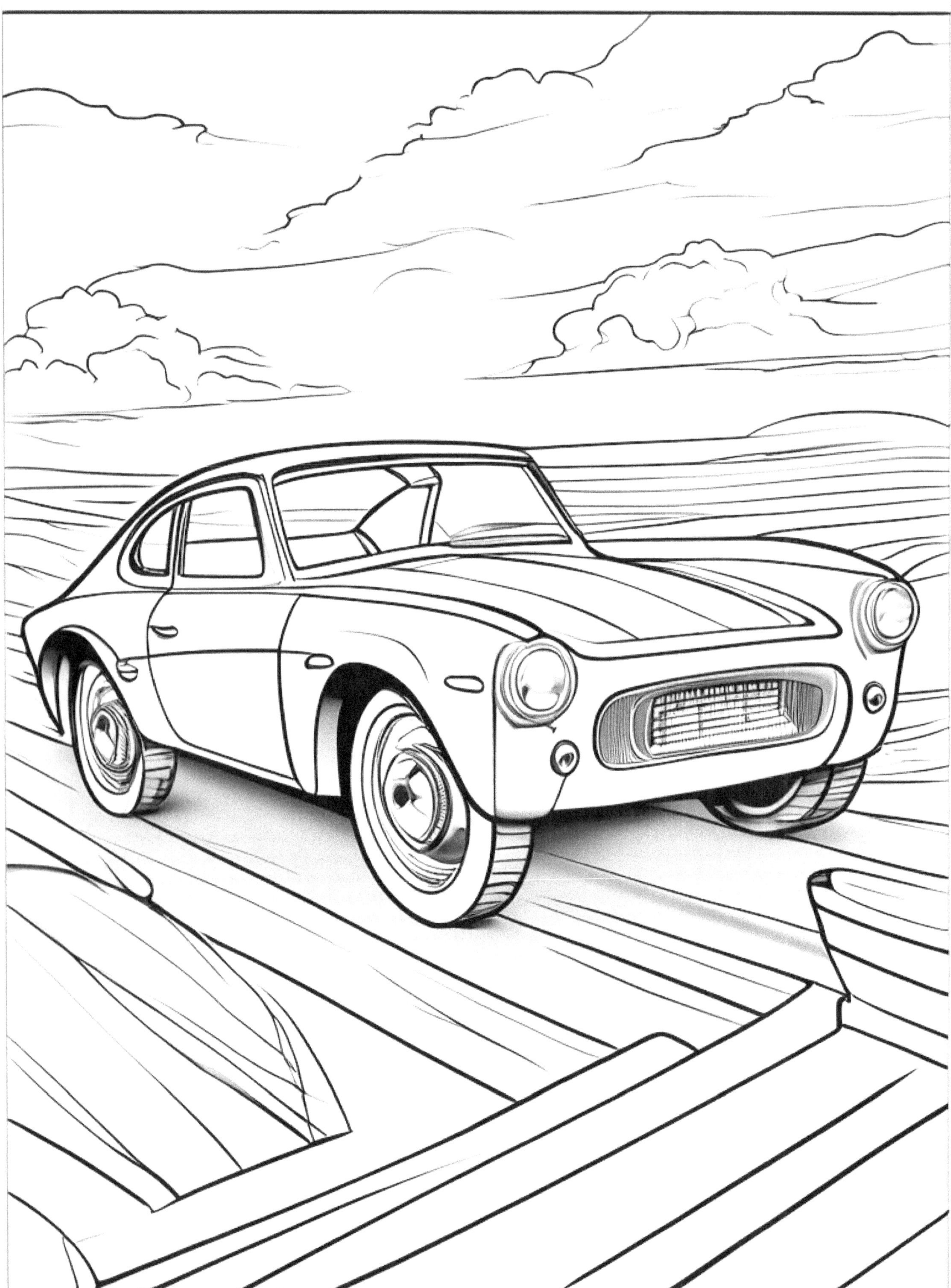

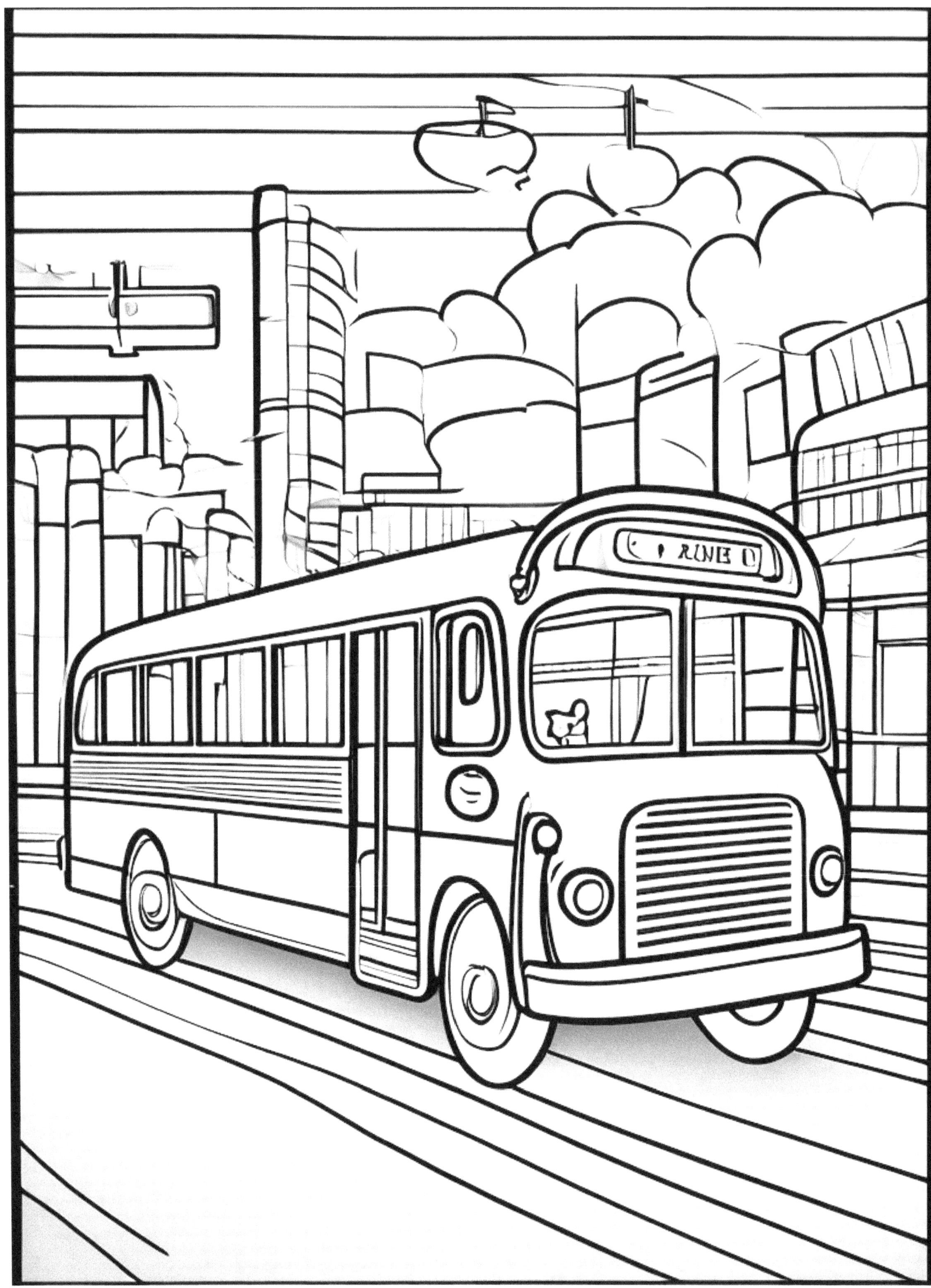
RINE 0

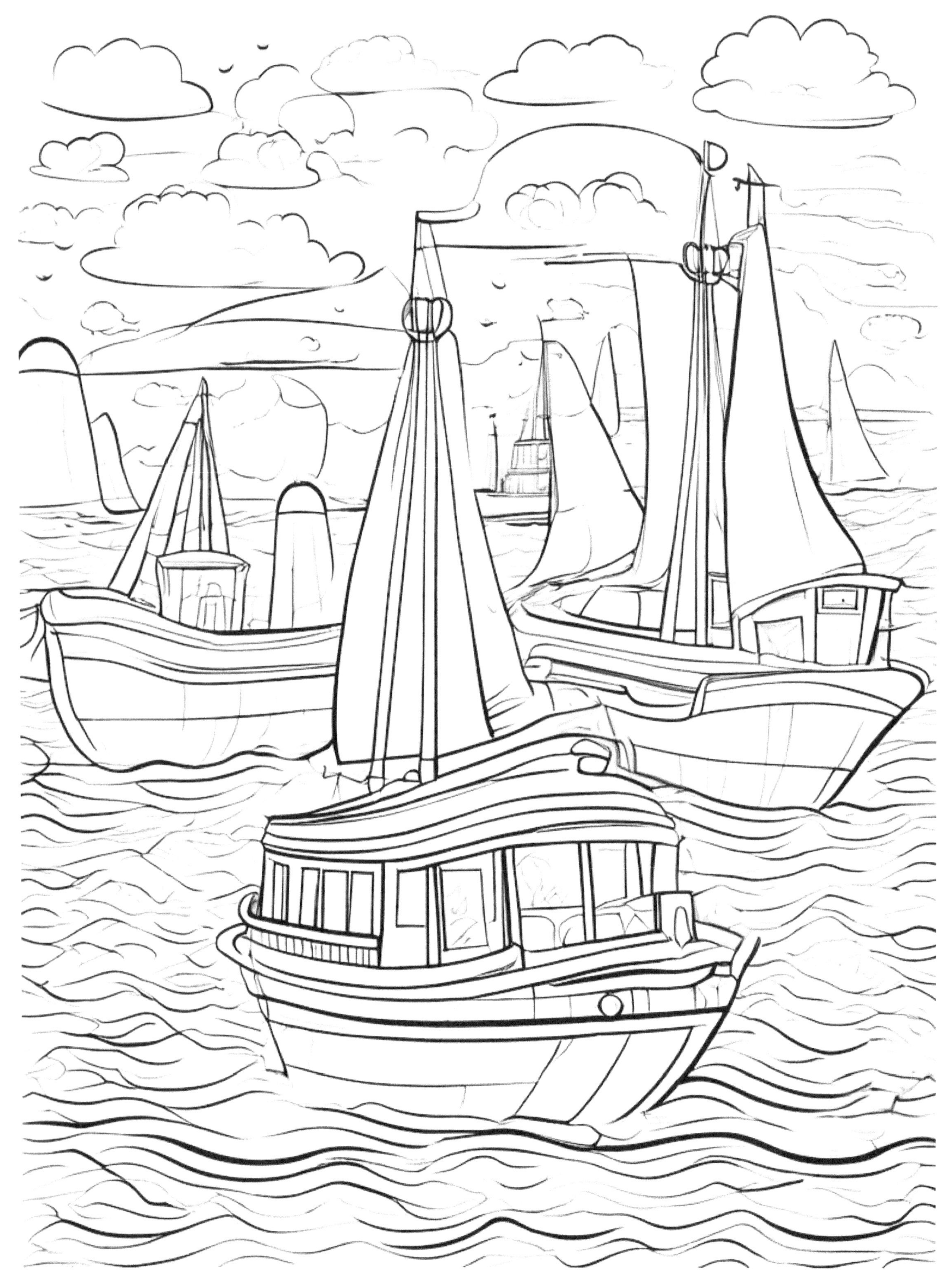